I0840831

El mejor regalo

Los principios que te atraerán mayor abundancia a tu vida

El arte de Dar y Recibir en equilibrio

Lola C. Belmonte

Dedicado a mis padres
que me dieron lo más grande, la Vida

Agradeciendo a todos los que me han empujado
a escribir este libro sabiéndolo o sin saber.

Agradecimientos a
Montse López Arza, Mónica López, Mamen Conte
Aguilar, Juani Soto, Cristina Echevarría, María-
Amparo Moreno, Sara Torres, por las sugerencias y el
entusiasmo.

Olga Nitya López y Lola San Miguel por sus palabras

A Brigitte Champetier de Ribes,
y a todos mis maestros.

INDICE

PRÓLOGOS

La gran consciencia que internamente nos guía a todos, hace que Lola C. Belmonte nos regale con este libro su inigualable "Don" de la palabra escrita. De esta forma nos transmite de una manera fácil, amena y llena de entusiasmo los enredos sistémicos que se producen al alterar el equilibrio entre el Dar y Recibir, uno de los Órdenes del Amor de Bert Hellinger.

Ahora puedes disfrutar una vez más del privilegio de tener en tus manos una lectura como *El mejor regalo* que con singular destreza nos guía en la línea de salida hacia los movimientos de solución.

Todos estamos conectados a todo el universo y nuestras implicaciones van más allá de nuestros vínculos familiares y aquí podrás darte cuenta de tus muchas implicaciones multidimensionales.

Muchos son los llamados y pocos los que eligen poner al servicio de la vida lo que la vida les ha regalado. Zambullirse entre estas páginas es vivenciar las experiencias de Lola y su singular forma de caminar por la vida.

Nuevamente es un absoluto regalo vivir junto con Lola el fascinante mundo del equilibrio de dar y recibir.

Olga Nitya López
Directora y formadora de la Escuela Constelaciones
Osho-Hellinger de México.

Es un tema principal y superinteresante del libro, ya que afecta sobre todo a las parejas, a la educación de la mujer, que piensa que si da más va a recibir más. Es muy importante aprender estos principios, ya que es la base de que muchas parejas no funcionen

Lola de Miguel Campos
Consteladora y escritora
LoladeMiguelCampos.com

.

Dar y Recibir está en la base de todas las relaciones y en el fondo de los conflictos.

Porque a veces damos de más, de menos, no sabemos dar, o no sabemos pedir ni recibir.

Por ello en este libro hablaremos de los principios sistémicos de Bert Hellinger, de otras técnicas (PNL y CNV) que nos ayudan a conocernos mejor.

Podremos conocer en que papel estamos en cada momento y que consecuencias puede tener, y como salir de el para solucionar. Te invito a experimentar por ti mismo. No me creas a mí, no creas a nadie; solo comprueba.

Tenemos dos manos, una para recibir y otra para dar,

cuando se pueden juntar, surge el agradecimiento, ya estamos en paz. Esto representa la imagen de la portada el "mudra" de la oración".

Este gesto común a culturas distintas, simboliza el equilibrio entre los dos hemisferios, al unirse las dos manos un circuito se cierra.

Saber recibir, saber dar y agradecer es el epicentro de las relaciones a partir del cual todo puede surgir, conocer las reglas es fundamental.

Esta es mi humilde aportación a ese movimiento del Dar y Recibir, del que soy aprendiza siempre. Escribir se ha convertido en mi mayor pasión; este es mi amor para quien desee tomarlo.

El mejor regalo
www.lolacbelmonte.com

¿Cuánto más das, más recibes?

Un día, se me ocurrió hacer esta pregunta en mi muro de Facebook. Recibió más de cien comentarios en muy poco tiempo. Hubo muchas opiniones de todo tipo, a favor y en contra.

Para unos, el tema era un Sí rotundo; para otros, era un No. Para los del No las respuestas eran: *cuanto más das, menos recibes; cuanto más das, menos te queda*, etc...

Las personas que decían un Sí seguro incluían, además, su fórmula de "cómo hacerlo" para que el dar fuese bien hecho. A algunos no les gustaba la palabra Dar, ya que les gustaba más la de compartir. Finalmente, llegamos a una idea que iba aún más allá; alguien dijo: "Dar y Recibir es lo mismo".

El planteamiento parecía simple, pero cuando algo se propone como una abstracción, cada persona y cada mente incluirá ahí su propio contenido, sus propias creencias, suposiciones, experiencias, su programación al respecto y su conclusión, cada cual responderá en su nivel y plano de conciencia. Imposible acuerdo.

Somos únicos, y para cada uno significará una experiencia distinta lo que es Dar y lo que es Recibir.

Podríamos hablar hasta el infinito y más allá de una frase así.

Hay distintas respuestas a esta pregunta; la más certera, a mi modo de ver, es que ni la respuesta es el Sí absoluto ni es el No absoluto; es un depende.

Depende en qué "nivel" observemos.

La cuestión es esta: si es una ley "universal" como se afirma, ¿por qué no siempre se cumple? No se cumple con todos y en todo momento. ¿Por qué funciona en unas ocasiones y en otras no? ¿Por qué les funciona a unas personas y a otras no? Algo se nos escapa.

Ciertamente, en el trabajo, si hacemos más horas, más nos pagan. Ahí funciona el "más, más", y siempre esperamos un intercambio equilibrado.

Si observamos desde una perspectiva matemática o lógica, lo de "cuanto más das, más recibes" puede que sea verdad en algunos casos, no en todos.

Si reparto más publicidad, en teoría, recibiré más respuesta por la ley de probabilidad. Aquí la cuestión es numérica: pago más y recibo más.

Aunque no funciona a veces, si pago por un masaje de una hora 50 euros y ese mismo masaje al día siguiente cuesta 100 euros, ¿recibo más por pagar más?

Las tarifas "por temporada" de los hoteles demuestran que no funciona siempre el "más, más", ya que intervienen otras leyes como la de la oferta y la demanda.

Pero esta creencia de "cuanto más das, más recibes"

beneficia a los que deciden cobrar precios más altos por el mismo servicio porque "si es más caro, es mejor", "cuanto más das, más recibes" ... Pareciera, a veces, que esta ley la inventaron los reyes del *marketing*.

También, en esa creencia, se apoyan quienes venderán plomo a precio de oro y los que piensen no devolver nada, pero impulsan a otros a dar lo máximo. A los que basándose en esa creencia se aprovecharán de otros en su beneficio.

Ya lo dijo el poeta Antonio Machado: "es de necios confundir valor con precio", cuando las mejores cosas de la vida las damos y recibimos gratis.

Las emociones humanas no podemos llamarlas lógicas. El Dar y el Recibir en las personas no es ni directamente proporcional ni automático.

Entonces ¿cómo actuar? Aquí empieza el reino de la confusión: unos actuarán con la creencia de "cuanto más das, más recibes", y la aplicarán en cualquier situación. Mientras que otros actuarán con el pensamiento contrario...

¿Cómo acertar? ¿A quién le irá mejor?

Aprender a pedir, a recibir y a dar, y a agradecer para conseguir lo que se quiere y tener una vida en paz es un aprendizaje.

Dicho aprendizaje sobre el intercambio y la reciprocidad está lleno de trampas, mitos, creencias que no funcionan en las relaciones personales.

Es en esa realidad concreta del día a día donde podremos experimentar.

Para empezar, veremos qué nos dicen los principios sistémicos.

Principios sistémicos
o principios de
abundancia

Según la psicología sistémica, existen unos principios que subyacen a cualquier sistema o grupo de personas pareja, familia, amigos, trabajo...

Bert Hellinger, afirma que quien conoce y aplica estos principios llegará al éxito en la vida y las relaciones.

Podrás conocer el método como constelaciones familiares, sistémicas o del espíritu. Existen grupos en casi todos los países del mundo.

Las constelaciones sistémicas son la herramienta de representación que nos permite contemplar los movimientos del alma como una experiencia vivencial e impactante que te recomiendo probar.

Lo mejor es que no hace falta creer: podemos ver. Los principios de los que aquí hablaré son el fruto de la observación de miles de constelaciones.

Esta técnica de representación nos permite ver la parte inconsciente; y va más allá de la mente.

A través de dicha observación, Bert Hellinger, pudo descubrir dichos principios, que llamó *los órdenes del amor,* ya que según el con el amor solo no basta para que sucedan las buenas relaciones y el éxito en la vida.

¿Cuáles son estos principios sistémicos?

1-Principio de pertenencia: todos tenemos derecho a pertenecer al grupo, a la familia y todos merecemos ser respetados. Cualquier exclusión de un miembro es perjudicial al sistema, que intentará compensarlo.

2-Principio de orden: cada uno en su lugar, hay un orden y debe ser respetado. Solo así, en orden, puede haber paz en el sistema; lo contrario es el caos.

3-Principio de Equilibro entre Dar y Recibir, del que hablaremos más ampliamente en este libro.

4-Principio de Sí a la vida: principio de aceptación a todo como es.

Sencillos de entender, no tan sencillos de actuar. La gran mayoría de problemas que existen en el mundo se deben a no haber observado ni aplicado alguno o varios de estos principios.

Por el contrario de estos principios surgen las soluciones sistémicas, las que son buenas para todos, surge la armonía en la vida.

Querido lector: qué importante es aplicar en nuestras vidas los principios que Hellinger descubrió.

Y ¿Cuál es el concepto de abundancia?

Para mí la abundancia es estar en paz, es sentir que el "saldo" entre el dar y el recibir es positivo, que recibimos lo que precisamos, y lo valoramos, que lo que damos llega a buen lugar y se valora.

Y así surge la gratitud como alfa y omega de nuestro mundo. Todo es un círculo que se alimenta saber pedir, saber dar, saber agradecer lo recibido y volver a empezar.

Y esto lo podemos aplicar en todos los ámbitos de la vida, todo está relacionado.

La abundancia está en las relaciones cuando producen alegría y calidez.

En el trabajo cuando da sentido de contribución y propósito.

En la salud cuando nos sentimos vitales y enérgicos.

Cuando sentimos nuestra vida como el mejor regalo.

El tercer principio: Equilibro entre el Dar y Recibir

Y hablaremos aquí del tercer principio: El equilibrio entre dar y recibir, este se observa por los resultados que produce, alegría, armonía.

Es cuando sentimos que damos y recibimos en la misma medida y de que estamos en paz.

Toda la vida depende de este equilibrio, ya que son dos caras de la misma moneda y todo el tiempo estamos dando o recibiendo, somos dadores y receptores siempre.

Si hay equilibrio, diremos que hay un "buen dar y buen recibir". No siempre es así.

Entonces hay que estudiar:

¿Qué estamos dando, cómo estamos dando, desde dónde damos, a quién estamos dando?

Podemos observarlo en cualquier ámbito familia, trabajo, amistades y en las parejas.

Este principio sistémico no opera con "el más, más"; no es algo matemático, más bien funciona con lo que es lo justo y necesario.

En las relaciones humanas no es cuestión de cantidad,

sino de calidad y de medida. El buen dar es dar lo que el otro necesita y es capaz de recibir.

Entre personas sanas y adultas el equilibrio existe naturalmente. Cuando alguien recibe algo positivo, nace el impulso de devolver algo positivo, entonces decimos que hemos devuelto y *ya estamos en paz.* Existe la reciprocidad.

Pero también observamos que hay un intercambio positivo y otro negativo. ¿Qué ocurre cuando alguien nos da algo negativo?

Pues para que haya equilibrio también hay que saber devolverlo, si deseamos que la relación continúe.

Otra opción es dejar ir la relación dejando que la vida se lo devuelva y apartarnos.

Lo que es bueno para unos es inaceptable; para otros, todo depende de la educación, de lo recibido, de los valores, de las creencias y de la experiencia de vida.

Y aquí se abre el amplio abanico de posibilidades para los malos entendidos, las quejas, los enfados y los malestares para todos esos desequilibrios diarios que no se saben resolver. Porque algunos no saben pedir, otros no saben recibir y otros no saben dar, porque no se sabe que dar y que no dar, porque no se sabe que pedir o no pedir. Porque no nos atrevemos a pedir, porque no se sabe pedir.

Un ejemplo muy fácil de comprender, que nos habla de la importancia del equilibrio entre dar y recibir.

Si tenemos una planta y la regamos más veces de las que necesita, esa planta se pudrirá por exceso de agua. Dar demasiado no funciona.

Podemos ver la importancia de dar lo preciso y en la justa medida. Si, por el contrario, le echamos menos agua de la necesaria, la planta se secará.

Además, hay unos tipos de plantas que no pueden regarse mojando las hojas y que solo pueden tomar agua por las raíces, son sensibles a los riegos.

Igual ocurre con las relaciones: todas precisan ese equilibrio justo para que florezcan. No es el dar "más", es el buen dar, el saber qué dar y cómo hacerlo. Y, además, igual que las plantas, cada persona requiere recibir algo diferente.

El equilibrio de dar y recibir se aplica a todo; igual sucede con nuestro cuerpo: cuando se produce lo que llamamos enfermedad, se puede ver que todo es por exceso o falta de algo.

Nos dimos demasiada azúcar y llega la diabetes; demasiado marisco y sale la gota; demasiado tiempo sentados, engordamos; y si nos faltan nutrientes, o vitaminas enfermamos también.

El equilibrio entre el dar y el recibir es uno de los pilares para una buena vida.

Y aún hay que tener algo en cuenta: en todos los sistemas existe un mecanismo de "compensación" que trata de equilibrar, y esta compensación en los sistemas familiares va más allá de las generaciones.

¿Qué significa esto? Puede verse que lo que hizo un abuelo quizás un nieto trate de compensarlo en su vida. Puede verse que las deudas o injusticias que alguien cometió, y que no pagó pueden quedar también impresas en el ADN emocional de los descendientes.

Comprendemos que el equilibrio va más allá de lo que vemos a nivel consciente y más allá del tiempo.

Pero también hay que decir que hay una excepción al equilibrio entre dar y recibir, y es en la relación entre padres e hijos, ya que hay algo que no podemos devolver y eso es la Vida.

Por esto, siempre entre padres e hijos hay un desequilibrio natural (hablaremos más adelante). Los padres dan la vida y los hijos la reciben. No hay nada más grande que dar. Solo cuando llegamos a adultos podemos devolver al mundo lo que hemos recibido.

Recibir para dar,
dar para recibir

Hay algo implícito en esto del buen dar y buen recibir: ni en la pareja ni en la familia ni el trabajo ni en las demás relaciones podemos dar lo que no tenemos. Esto parece muy obvio para algunos, pero tampoco lo es para todos.

Siempre vamos a dar lo que tenemos o hemos recibido, todos pasamos por la vida, siendo pequeños antes que grandes.

Primero tomamos de nuestros padres, y después, damos lo recibido.

Al recibir la vida y el amor adquirimos una "deuda" que nos sentimos impulsados a devolver al mundo.

Este es un impulso sano en devolver lo recibido, y después seguiremos recibiendo, según sea nuestra contribución.

Pero también hay un tipo de personas que solo quieren Dar, los Dadores, no quieren recibir, entonces bloquean el flujo.

Este dar entonces suele ser un dar estéril, y que puede crear un desequilibrio.

Impedir que otros puedan devolver recíprocamente

es una forma de romper las relaciones ya puede producir enfado en el que recibe. El hecho de dar produce una satisfacción y transmite la idea de ser más grandes.

Pero hay que ser conscientes de que ese ser más grandes en relaciones "entre iguales" puede hacer sentir al otro más pequeño y de ahí el enfado.

Ser conscientes de que ir siempre de "más grandes" o "de padres o madres" de los demás está rompiendo el equilibrio, acaba perjudicando. Además, dar lo que no tenemos, lo que no somos es imposible.

Te pondré un ejemplo. En una conferencia sobre temas espirituales ante trescientas personas un ponente hizo una pregunta

–¿A quién, de los aquí presentes, le gustaría recibir un millón de Euros?

De los trescientos asistentes, solo unos pocos levantaron la mano.

Después de un rato el ponente volvió a preguntar:

–De los aquí presentes, ¿A quién le gustaría donar un millón de euros a una ONG contra el hambre?

Casi todos levantaron la mano. Entonces el ponente dijo:

–Y ¿Por qué no quisisteis coger el dinero que ofrecí hace un rato? ¿Sois millonarios? Si no ¿Cómo vais a dar lo que no tenéis? Son los *dadores sin fronteras*.

Cuando el movimiento de dar se convierte en una especie de necesidad, puede resultar insano. Es ahí donde habría que mirar si proviene de un mecanismo de compensación, ahí es cuando se haría una constelación.

Aunque esto lo explico más ampliamente en mi libro *La Otra herencia*, se trata de una dinámica inconsciente que alguien sigue intentando compensar.

Por esto, a veces, una necesidad de dar sin recibir, de dar con sacrificio, enfocado solo en los otros y sin mirar el cuidado o las necesidades propias, no se convierte en un buen dar.

El aprendizaje en ellos es el abrirse a recibir, aprender a pedir, y saber agradecer.

Pero ni todos están preparados a pedir y recibir ni todos están preparados a Dar.

Están los pedigüeños, personas que lejos de querer dar, están siempre esperando que el mundo les dé, como si el mundo les debiera algo.

Esta es actitud del niño sin responsabilidad que espera que su madre le dé todo. Pero los demás no son su madre.

Es el amigo que solo se acuerda de llamar para pedir favores. Puede que todos tengamos alguno así: esperan siempre atención, pero no saben escuchar; al no estar en la actitud adulta no sienten ningún impulso de devolver nada.

Toman sin agradecer ni valorar lo recibido, no entienden la reciprocidad, ni el equilibrio. Pueden encontrar un "zapato a la medida" al menos durante un tiempo. Mientras se recibe no hay problema.

El problema lo tiene la persona que siente que da más de lo que se recibe. Ahí la persona si siente que hay un problema, algo pasa.

Cuando sientes que das más de lo que recibes

Puede que estés cansado o cansada de dar mucho y recibir menos de lo que te gustaría. Algunas personas llevan este sentimiento encima, y creo que en este tema convendría hacer una constelación, ya que es el mejor modo de llegar a la raíz del problema y resolver.

Y también podemos observar tendencias y modos de actuar para comprender las causas posibles.

Puede que sea solo una sensación de la persona que no es capaz de tomar. Puede que sea un desorden en el modo de dar. Puede que sea el entorno y conviene saber si el sentimiento es en general o en algún área concreta.

Si este es tu sentimiento, creo y espero que al finalizar este libro hayas encontrado muchas pistas. Posibles causas:

Puede que la persona no sea capaz de tomar.

A veces esto es solo un sentimiento de dar más, pero no es real. Entonces la causa podría explicarse en una mirada equivocada de la persona.

Es cuando la persona no está mirando todo lo que ella recibe, cuando no puede valorar lo que le dan o no es capaz de asimilarlo, no es capaz de tomar.

Hay una distinción entre "recibir" y "tomar".

Un ejemplo: imagina que te apuntas a un curso. El profesor ha impartido una clase y entregado a todos ejercicios a practicar.

Todos han recibido la misma clase, pero debido a sus diferentes miradas, no todos la han asimilado igual.

Mientras algunos sacarán el máximo partido, a otros ese conocimiento les caerá encima resbalando como el agua encima de un chubasquero. Aunque reciban oro molido, no les parecerá suficientemente bueno. Aun estando en el mismo nivel, unos tomarán y otros se enfocarán en la carencia.

Hay una dificultad propia de la persona.

En definitiva, no es tanto lo que se recibe, si no la "transformación" que la persona hace de lo que se recibe, el filtro personal.

Puede indicar un desorden en el modo de dar.

Es cuando la persona siempre está dando, enseñando, regalando, sin que el otro se lo pida, sin preguntar.

Es una necesidad de mirar hacia el otro antes que a sí mismos, es dar lo que uno cree que hace falta antes que haga falta.

Y las posibilidades de resultado son varias:

- Puede ocurrir que el otro lo rechace porque no quiere la obligación de devolver.

- Puede que el otro lo tome por compromiso, por educación, pero no se valorará lo recibido.

- Puede que se vea en el compromiso de devolver y a la larga ese compromiso cree resentimiento.

Dar sin que nos pidan, es como dar de más y nos coloca en mala posición.

Cuando se da lo que nadie te pidió, ni se valora, ni se agradece. El dar que no es humilde, puede ofender.

Si te has sentido que das demasiado, observa tu modo de dar, tu intención, y la respuesta que recibes y ve corrigiendo.

Hay una frase atribuida a Jodorowsky:

"Quieres Dar o quieres obligar a Recibir".

Hace referencia a la intención, tan importante a tener en cuenta, pues nada se puede forzar, y nada escapa a la verdad. ¿Cuál es la intención detrás de todo?

La intención es un componente estrella de ese Dar y Recibir. Cuando se pronuncia la frase *lo que das, recibes* en último extremo lo que cuenta es la intención.

Puede que haya que observar el entorno

Puede que seas de ese tipo de personas que

anteponen siempre los intereses de los otros, a los tuyos propios, sin cuidarse ni tenerse en cuenta.

Este tipo de personas pueden acabar quemados sobre todo al atraer a otros que se aprovechen de esa tendencia.

Existe la posibilidad de que hayas elegido mal con quien te relacionas, y, has atraído del tipo de personas que solo saben recibir, pero no tienen ningún sentido de la reciprocidad, ningún impulso de devolver nada ni ningún sentimiento de gratitud.

A veces, el mejor equilibrio es dejar de dar si se detecta este comportamiento y nos hace daño.

Pero en ocasiones, esto no es posible, entonces se debe aprender a poner límites y hacer respetar nuestras necesidades.

El amor bien entendido empieza por uno mismo y, a veces, se necesita quererse a uno mismo antes que nada...

Si te sientes que das más que recibes, empieza a darte más a ti mismo.

Aprender a darse primero

Y si te has sentido así y la sensación no fue buena, si quieres dar a otros, el primer mandamiento es quiérete y date a ti primero. Eso no es ser egoísta, es que nadie puede dar lo que no tiene. El primer receptor de tu amor tienes que ser tú mismo.

La mayoría de nuestros recursos personales los adquirimos en los primeros años de vida.

Es en nuestra primera infancia cuando recibimos de nuestros padres y familiares la aceptación y el amor incondicional que necesitamos para tener una sana autoestima y una confianza en la vida.

Nuestros valores, nuestras creencias y nuestros buenos hábitos nos vienen de aquella época feliz de la infancia... ¿Que no fue tan feliz?...

...Si no fue tan feliz... Es posible que tu corazón se guardan quejas, tristezas o carencias...

Entonces es poder sentir que nuestros padres hicieron lo que pudieron con lo que recibieron de sus padres.

Saber que nuestros padres son los mejores padres, comprender que son los únicos que tenemos y que ellos mismos son supervivientes de supervivientes de un ejército de almas que hicieron todo lo que pudieron con lo recibido.

Y ahora tú eres el receptor y dador, el intermediario de los anteriores y los posteriores.

Antes de ti estaban todos tus ancestros, despúes tus hijos y nietos.

De ti depende tu vida, pero también depende de ti cómo esta va a influir en todas los que vienen detrás.

Si tu infancia no fue del todo feliz, sé tú el cambio que alivie ese árbol, agradece la conciencia de todo y el poder del ahora para actuar.

DATE SALUD

Darse y quererse primero incluye alimentarse con cariño y de forma saludable. Aunque hay muchas creencias de lo que es saludable, hay algunas que caen por su peso.

Estas son mis sugerencias básicas en lo físico:

Aumenta los alimentos verdes y que te dan energía, las verduras, legumbres, cereales integrales, si es posible ecológicos...

Aumenta el beber agua, infusiones, caldos y licuados de verduras frescas, leches vegetales naturales.

Aumenta tu consumo de *superalimentos* (Semillas de lino, de chía, de sésamo, de calabaza, de girasol, frutos secos, nueces, almendras, frutos rojos, etc...)

Reduce lo que te roba energía, comidas blancas, hidratos vacíos, harinas refinadas, dulces, pastas, panes, galletitas...

Reduce los alimentos muy procesados, enlatados con demasiados aditivos.

Reduce las bebidas alcohólicas y gaseosas.

Tú tienes todo el control de elegir lo que comes, lo que entra en tu nevera y en tu carrito de la compra.

Algunos piensan que la alimentación solo ayuda, pero con el tiempo, de verdad, podrás comprobar que somos lo que comemos. La salud es el mayor bien que poseemos.

DATE BELLEZA

Dicen que la belleza está en los ojos del que mira, que es algo subjetivo a cada observador, y eso no lo podemos controlar.

Pero hay algo que sí podemos controlar y es el cuidado de nuestra piel, nuestra higiene personal, la ropa que utilizamos, y el maquillaje que nos ponemos o nos dejamos de poner.

Con sencillos actos cotidianos podemos influir en esa mirada de belleza. A veces esa belleza es tan subjetiva que puede basarse en una actitud de aceptación del cuerpo.

Si nos viésemos en el espejo cada uno de nosotros, seguro encontraríamos algo qué mejorar en este aspecto. Entonces, trabajemos en aceptar y cuidar cada parte de nuestro cuerpo y mejorarla. La mirada de belleza empieza en nosotros mismos.

DATE ACEPTACIÓN

Y en este punto conectamos con el principio de pertenencia o inclusión. Los lazos de sangre no son siempre lazos de aceptación.

La familia es el laboratorio de la vida y desde allí aprenderemos a querer a los difíciles, tomar de los que nos quieren, y aceptar a cada uno como es, y en ella ensayaremos para salir al mundo.

Pero no todos recibimos esa aceptación incondicional, ninguna familia es perfecta y casi todos salimos allí fuera con nuestras carencias. Entonces, nos queda elegir lo que sí podemos elegir: esos amigos, o grupos donde nos sintamos que estamos en nuestro lugar, donde somos aceptados.

Hay un refrán que dice: *los amigos son la familia que elegimos*. Y es así. Buscar o propiciar activamente esos grupos y amistades es responsabilidad de cada uno. Hoy día, la información es accesible a todo el mundo.

Pero ocurre que muchas veces ni sabemos, ni nos atrevemos, ni pensamos en la posibilidad de buscar esa compañía, esos espacios emocionales seguros.

Buscar esos espacios emocionales seguros donde poder expresarnos es también darse amor.

DATE TODOS LOS PERMISOS

Puedes darte el permiso de no ser perfecto, porque en realidad todos somos ya perfectos tal cual somos...

Darte permiso de equivocarte, de caerte y de volver a empezar, de no gustar a todos, de ser tú mismo, de tener "éxito" o de no tenerlo, y de llorar si hace falta.

Muy importante: date incluso el permiso de pedir lo que necesites...Si no tienes costumbre sigue leyendo.

VISUALIZA LA VIDA A TRAVÉS DE TU ARBÓL.

Elige un lugar y un momento tranquilo, puedes usar una música y un incienso o perfume que te ayuden.

Cierra los ojos. Imagina detrás de ti un ejército de almas que te acompañan siempre. De ellos recibiste la Vida, ese es tu árbol genealógico, siempre está contigo, en tus células en tu ADN, nunca estás solo.

No todos fueron felices ni actuaron siempre correctamente, pero venimos de todos ellos. Ninguno sobra. Todos pertenecen.

Porque más allá, detrás de ellos, está la fuente de la vida, ellos fueron el canal de transmisión.

Hicieron lo que pudieron, no sabían hacerlo mejor. Lo hicieron lo mejor que sabían ellos también son víctimas...

Puede que seas el elegido para cambiar el guion familiar, romper los viejos patrones que no sirvieron, desaprender lo que no sirvió y crear los recursos nuevos que otros no tuvieron. Hoy puedes.

Ahora depende de ti no ser más una víctima en tu sistema, por ti y por todos los demás, los anteriores y los posteriores, los pequeños. Imagina a todos.

Entonces es cuando puedes mirar detrás de ti con respeto y gratitud a esas almas que estaban ahí y por los cuales tienes tu vida, y puedes mirar adelante con fuerza, sabiendo que tu poder está en el ahora.

Agradece a todos los anteriores y honra a todos sin excepción su aportación a tu vida.

Te han dado lo más grande el mejor regalo, la Vida

Y el mejor modo de honrarlos es hacer todo lo mejor posible en tu vida, crear una vida de la que puedan estar orgullosos y felices todos. Hacer de tu vida una obra maestra.

Aprender a pedir efectivamente

Hay muchas personas que reconocen que no saben pedir, a otras no les gusta, otras tienen miedo de hacerlo.

Se diría que es muy fácil, se empieza con "por favor" se acaba con un "gracias".

Pero cuántos miedos y tormentos internos pueden desencadenar una acción de pedir.

El secreto es saber pedir correctamente lo que se necesita, en el momento justo, a la persona adecuada que nos lo puede dar.

Parece fácil, pero observaremos algunas cuestiones.

Pedir y dejar libre

Algo muy básico es pedir desde el *adulto*, ya que solo desde el adulto, el otro podrá decir que No con libertad.

Cuando alguien pide algo y no puede aceptar el No por respuesta, está en la exigencia, en el niño. Y en la exigencia no hay equilibrio, habrá malestar, no funciona. Si no hay libertad de decir No, estamos coaccionando.

Existe una frase que se le atribuye a la película "El padrino", película interpretada por Marlon Brando, sobre la mafia italiana:

"Le haré una oferta que no podrá rechazar". Cuando la escuchas de la voz del "padrino", puedes imaginar una oferta sangrienta del tipo:

"Usted hace lo que yo le diga y dejaremos vivo a su hijo". Eso es irrechazable, ¿no?

Nosotros mejor que no nos convirtamos en "El padrino"; dejemos que los demás elijan la respuesta, sin que nadie pierda nada, aprender a pedir dejando a la persona libre.

Para los que "no les gusta pedir" a otros.

Sucede a veces que, tener que pedir un favor o algo que necesitamos, nos conecta con lo más vulnerable que somos, con la necesidad del otro, con una posible carencia que no deseamos mostrar, no nos gusta, es incómodo.

A muchos, de pequeños, nos han enseñado que hay que ser fuertes, que es mejor que nadie vea nuestras debilidades.

Porque quizás en algún momento alguien pudo aprovecharse de ellas y tenemos asociado que pedir algo, puede traernos ese dolor otra vez. No gusta.

Y las personas nos solemos mover en dos direcciones básicas:

La de evitar el dolor, o la incomodidad.

La de conseguir un placer o satisfacción.

Quien se acostumbra a no pedir evita quizás la incomodidad, pero no se da cuenta de que es así como bloquea el flujo de las relaciones y la posibilidad de recibir, es decir, evita también el placer de conseguir algo. Así que se quedan en punto muerto.

Es también como si le dijera al otro *no necesito nada*, no te necesito, y así tampoco tendré que devolver nada. Entonces, se vuelve tacaño consigo mismo y con el otro. Así quita al otro la posibilidad o el placer de dar o de ayudarle. No pedir es también quitar.

Hay una frase de Jodorowsky que me gusta: "Lo que doy, me lo doy; lo que no doy, me lo quito".

Podemos darle también la vuelta: *"lo que pido, lo doy y lo que no pido, lo quito"*, ya que dar y recibir son dos caras de la misma moneda, si nadie pide y nadie da, la moneda no correrá, la relación no existirá.

Para los que creen que No hace falta pedir.

Puede que seas del tipo de personas que esperan que el otro, cuando es su pareja, adivine lo que necesitas, porque *si lo tienen que pedir no tiene gracia, ya no lo quieren.*

Y puedes pensar o decir *si me quiere, debería saber lo que quiero con solo mirarme"*. Eso lo he escuchado. Y muchas veces el otro no suele ser adivino.

Pero puedes comprobar, que ni siquiera las madres adivinan lo que les pasa a sus bebés, cuando estos aún no pueden hablar, y eso que son sus madres.

Imagina que vas a una cafetería y cuando el camarero te pregunta *qué desea,* le dijeras eso de tú *ya deberías saberlo"*. ¿Y el camarero qué hará? ¿Adivinar?

Sabemos que el camarero no es tu pareja, pero tu pareja tampoco es como tu madre y una madre tampoco es siempre adivina (por mucho que las madres parezcan saberlo todo).

Para los que no piden por el temor de fracasar

Hay que decirlo, no atreverse a pedir es un modo de fracaso. Como dicen en mi pueblo, el NO ya lo tienes, entonces hay que ir por el SÍ.

Piensa que, si te pusieras en la peor situación, si te dicen que no, te quedarías igual, no perderías nada.

En cambio, si no pides, pierdes la oportunidad del Sí. Y más vale arrepentirse de lo que se hizo que de lo que se dejó de hacer.

Si tienes miedo del No lo mejor es hacerse con recursos para conseguir el Sí.

Y sé bien que muchas veces esos recursos no vienen

de fábrica, ni de familia; todos tenemos que aprender para crearnos una vida lo mejor posible.

Hoy no hay excusa, si has reconocido que no sabes pedir, aprender está en tu mano, en la de todos.

Aquí me gustaría recomendarte un libro llamado *CNV Comunicación no violenta, un lenguaje de vida*, del autor Marshall B. Rosenberg.

Este método parte de la base de que la comunicación que nos han enseñado está enfocada muchas veces en la evaluación del otro.

Este modo de comunicar la mayoría de las veces supone un juicio, una interpretación, una valoración o una comparación.

Y como habremos podido observar este sistema suele crear dolor y resentimiento en las relaciones.

Piensa en esas veces que con solo una frase te has sentido juzgado, comparado o adivinado. ¿Cómo te sentiste? Las comparaciones son odiosas, igual de odiosas que los juicios, las etiquetas y que alguien adivine (interpretaciones) lo que nos pasa...

El método que Marshall nos propone es un proceso de cuatro pasos:

Observación, sentimiento, necesidades y petición.

En primer lugar, observamos una situación, los actos concretos que nos afectan. Sin interpretar, sin valorar, y sin juzgar.

En segundo lugar, reconocemos cómo nos afecta y cómo nos sentimos con lo que observamos.

En tercer lugar, podemos expresar las necesidades y los valores y sentimientos que las causan.

En cuarto lugar, pedimos acciones concretas y en positivo y que puedan ser satisfechas.

Un ejemplo de una mujer que no sabía cómo pedir a su marido y se quejaba:

- Creo que trabajas demasiadas horas, no entiendo por qué siempre llegas tan tarde a casa. Estoy cansada de esperar.

El marido, entonces, se aleja más y se apunta a un club de tenis para dedicar más tiempo a su ocio. Le hizo caso a la mujer: ahora trabaja menos horas.

Pero la mujer siguió frustrada porque no era el resultado que ella quería conseguir.

Si hubiese leído el libro de CNV, quizás le hubiese dicho algo distinto, por ejemplo:

Comprendo lo importante que tu empresa es para ti, y observo que algunos días trabajas hasta después de las 10. Siento que nos estamos alejando y me preocupa...Me gustaría poder compartir más tiempo con mi marido y querría proponerte que, un día a la semana, fuera reservado para nosotros (ir a cenar, bailar, o la actividad que les guste juntos).

No sé qué hubiese opinado Marshall, seguro que hay muchísimo que mejorar, pero creo que puede verse la diferencia en el modo de pedir.

¿Cómo crees que se consigue mejores resultados?

En el libro se describe paso a paso el proceso, así como situaciones concretas que cambiaron de polaridad y llegaron al éxito gracias al método.

Imagina estos recursos comunicativos en el día a día de cualquier persona. Las madres con sus hijos, en el trabajo, en los negocios y en la pareja.

Es un método que te ayuda a saber comunicarte de forma más efectiva y afectiva. Te lo recomiendo.

Existen grupos de prácticas en muchos lugares sobre este tipo de comunicación de CNV, como un espacio seguro y de aprendizaje. El único requisito que se pide es que hayas leído el libro.

Hoy no hay excusas, hoy hay métodos que nos ayudan para todo.

TENGO UN REGALO PARA TI

Haz una copia de esta imagen y te
valdrá por un descuento de 30 Euros
para asistir a un
TALLER PRESENCIAL
Escríbeme

A quién pedir

Ya te habrás dado cuenta de que este no es un libro de pide al universo y él responderá cuando le venga bien, cuando lo hagas todo perfecto y cumplas con los veintisiete pasos.

Cuando estamos pidiendo al universo, como un ente abstracto, en realidad estamos pidiendo a nuestra mente subconsciente.

Estamos pidiendo que nos alinee con lo que deseamos y aún no vemos. Es como un acto de fe, una hipnosis a nosotros mismos.

Como decía la abuela Margarita: "Cuando quiero algo me lo pido a mí misma".

Viene a decir que no hay nadie realmente ahí afuera, que somos los creadores. En parte es así, somos los seres que creamos nuestras vidas.

Pero en otra parte, los creadores muchas veces no son "libres", están muy enredados.

Ese es el aprendizaje: poder liberarse de la cárcel de los pensamientos, creencias, mandatos y limitaciones. En ese viaje de transformación iremos adquiriendo herramientas y recursos...

Comprendemos que, cuando éramos bebés, nuestra estrategia básica consistía en llorar, *buah, buah,* y nuestra madre venía y nos daba la teta o el biberón y era así de fácil, porque las buenas madres son capaces de adivinar las necesidades de sus hijos, casi siempre.

Ya de mayores no podemos ir por ahí llorando, ni exigiendo, ni haciendo chantaje, ni esperando que los demás adivinen lo que queremos. Ya no funcionará.

Como dicen en la publicidad de cosas peligrosas: "No lo haga en casa ni en ningún lugar".

Entonces, cuando necesitemos pedir, tenemos que aprender a hacerlo de forma adulta y nos debemos hacer con varias cuestiones.

Saber qué es lo necesitamos y reconocer la ayuda

Principalmente, esto es un obstáculo para la mayoría de personas que se limitan a pedir ayuda, pero no saben en qué forma debería ser esa ayuda, ni la pueden reconocer.

A veces actuamos como aquel hombre desesperado que se ahogaba en medio del mar y empezó a pedir ayuda a Dios.

Dios, por favor, me estoy ahogando, ayúdame.

Vino una barca de pescadores y no se subió.

Vino una lancha motora y no se subió.

Vino el helicóptero de la guardia civil y no se subió.

El hombre seguía pidiendo y esperando a que le ayudara Dios.

Entonces desde el cielo y con un gran trueno se oyó la voz de Dios que le dijo:

Hijo mío, te mandé un barco de pescadores, te mandé una lancha, te mandé un helicóptero, y nada te sirvió.

Así se actúa a veces... No vemos, no escuchamos, no reconocemos; nos enfocamos en el "modo" en que creemos que deberían ser las cosas.

Y estamos cerrando el paso no aceptando como llega. Es como si fuésemos por el mundo con las orejeras que ponían antes a los burros.

Este hombre dejó escapar todas las ayudas que le envió Dios porque no las vio siquiera. Y así cuántas veces vamos buscando sin ver.

Pedir a quien esté capacitado para decir sí.

Y si queremos acercarnos al éxito, ¿a quién pedir? A quien esté capacitado de decir sí porque tiene lo que queremos, porque tiene inclinación a ayudar, porque tiene motivos para hacerlo o, si no los tiene, dárselos para que diga sí.

Pedir algo concreto y en positivo y desde el adulto.

Pedir admitiendo la probabilidad de recibir un No, aceptando la libertad de decidir del otro, es decir sin exigencias, ni chantajes (no como *El padrino*).

Pedir explicando porque pedimos eso y agradeciendo de ante mano la consideración. Hay personas que no se atreven a pedir, que no les gusta pedir, que no saben pedir y que nunca piden.

Solo los que piden recibirán. Así que también yo te pediré algo, solo si quieres y puedes.

Yo espero y deseo de corazón que este libro te ayude a reconocer aquello que te impide dar, pedir y recibir lo que deseas. Y que, si así lo hace, tú puedas expandir tu aprendizaje de vida.

¿Y qué pasa cuando recibes un No?

Y ¿Qué pasa si aun haciéndolo todo correctamente y con la mejor intención recibimos un No?

Tenemos varias opciones: una es convertirlo en una perla. Imagino que sabes qué son las perlas y cómo se forman.

Cuando una pequeña piedra o grano de arena entra en una ostra, esta reacciona cubriéndolo de una sustancia llamada nácar. Lo que era una piedra lo convierte en una preciosa perla.

Y puede que tú hayas hecho tu petición con respeto, correctamente, estando en tu lugar de adulto, dejando en libertad al otro, y creyendo que lo hacías a la persona apropiada. Y luego resulta que algo falló, te dijeron que No. Eso duele.

Puede que lo único que pasó es que no era la persona adecuada. Puede que la petición se sintió demasiado. Puede que no era el momento...

Recuerdo una vez que pedí unas palabras para uno de mis libros. Se lo pedía a alguien que podía haberlo hecho, que no era una desconocida para mí, todo lo contrario, y pensé que podría decirme que sí.

Pero fue que No y, además, me "regaló" toda una serie de críticas que desembocaban en un gran "¿quién eres tú para escribir libros?".

A nadie le gustan las críticas. Me quedé un poco hecho polvo, perpleja, por ser tan inesperado. Pero tocaba recomponerme y seguir.

¿Quién era yo para escribir libros?, me dije. Pues alguien con su propia experiencia, parte de la cual había consistido en ayudar a otros de alguna o de otra manera. Con sus errores y aciertos, como todos.

Pero ¿Quién es nadie para decirle a otro que no puede hacer algo, como escribir pintar o lo que sea?

Me había equivocado de persona. Y además creo que todos tenemos un libro dentro o muchos libros... Por eso siempre animo a escribir sus libros a todos mis clientes y amigos, porque para mí escribir es una bendición, y una terapia. Aprendizaje

Quienes nos ayudan y nos dicen Sí, se convierten en esas personas tan amables que nos dan lo que queremos.

Quienes nos dicen No, nos están haciendo más fuertes.

El problema con este tipo de acción es que solo podemos verlo con el paso del tiempo.

Tampoco las perlas se hacen de un día para otro.

El tiempo es el que ordena a todos y, poco a poco, nos coloca en el lugar.

Pero te hago una pregunta: Si abres ostras, ¿Cuáles son más interesantes: las vacías o las que tienen perlas?

Pues, cuantos más Noes y fracasos, somos capaces de superar, más interesantes y expertos nos volvemos.

Aprender a dar en Equilibrio y en Orden

El buen dar sería el que genera la buena relación y la hace crecer, genera felicidad y se observa por sus resultados.

En realidad, siempre estamos dando algo, recibiendo algo. Cuando escuchamos y damos atención a alguien le estamos dando nuestra energía nuestro tiempo, no tenemos nada más valioso, ya que esas dos cosas son irreemplazables, son lo que somos.

Así que un buen dar empezaría por una buena escucha, atenta y empática.

Si este paso se diera, los demás pasos serían más fáciles, escuchar al otro y darle empatía es una de las mayores expresiones de amor.

Si le escuchamos y le preguntamos, sabremos qué quiere, qué le gusta y qué no le gusta, y tendremos el camino hecho para las buenas relaciones.

Pero no nos han enseñado, no se nace sabiendo, ni en la escuela había esas asignaturas. En la escuela de la Vida todos somos aprendices y maestros, todos vamos improvisando.

Como ya hemos visto, dar en equilibrio en el terreno

personal sería dar a cada persona lo que puede recibir y lo que quiere recibir. Cada persona, como en las plantas, requiere algo distinto.

Dicen que el "amor" es lo que sentimos hacia alguien que nos da lo que queremos.

El adjetivo "amable", que significa "digno de amor", lo aplicamos con aquellas personas que tienen una actitud cordial, amistosa, que nos tratan como nos gusta. Aquellas que parece que adivinaran lo que cada uno necesita recibir, y tienen la palabra justa para dar a cada momento, y siempre son agradecidas.

En definitiva, son las personas que tienen un buen Dar y un buen Recibir. Otras, en cambio, hacen lo opuesto y son desagradables, son las "difíciles de querer".

EJEMPLO DE NO SABER DAR,

Imagina una escena en una pastelería: una mujer con obesidad visible entra y la pide a la dependienta una gran milhojas de merengue con chocolate.

La dependienta decide, por su cuenta, que lo mejor es ponerle una galletita dietética integral sin gluten. Podría pasar esto:

–¡Señorita, le pedí una milhojas, no esto!

–¡Señora de verdad ¿No quiere probar nuestras galletitas dietéticas?

La clienta sale echando fuego por los ojos y da un portazo. Se enfadó con la dependienta y lo expresó.

La dependienta, metida a ser la "dietista", no estaba en su "lugar", nadie le pidió opinión.

Esa pastelería perdió una clienta porque no le dieron lo que pidió y, además, sintió el insulto de "gorda".

Otro tema es si la clienta lo expresó de la mejor manera, pero así empiezan las pequeñas guerras y las ruinas en los negocios...

¿Quién es la dependiente para decidir qué es lo mejor para esa mujer? Nadie.

Es fácil dar al otro lo que nos pide, pero no para todos.

Este es un ejemplo de no saber dar, de dar lo que

nadie pidió, no importa la buena intención que se le ponga, cuando alguien no está en su buen lugar, no está en su buen dar y recibir.

¿Te parece un ejemplo "absurdo"? Si observásemos con detenimiento, el mundo está lleno de actuaciones así, suceden cada día y continuamente.

Dime qué quieres, que te daré lo contrario; te daré lo que me parezca a mí que te conviene, te daré lo que sé dar. Finalmente, solo podré darte lo que yo tenga, aunque no te guste...

En la práctica y en los amplios terrenos de la vida, este equilibrio requiere de paciencia, generosidad y unas muy buenas dotes de comunicación.

En las parejas; es como un baile en la relación: la música del amor suena mientras compense estar.

Porque, aparte de lo que uno da, está la interpretación que hace de eso el que recibe, tú puedes dar algo de "mil amores" y no ser lo que el otro quiere, no sirve.

Dicen *"se lo di con todo mi corazón y me lo despreció"*.

Mente y corazón al son, la mejor canción.

Estamos programados para repetir patrones de comportamiento, de intercambio, que nos impiden muchas veces ver al otro. Hay muchas de frases que se repiten con el dar y recibir, tan generales como interpretables.

Cuanto más das, más recibes no suele funcionar en muchas ocasiones. Veremos.

Cuando Dar demasiado puede destruir las relaciones

En las relaciones entre adultos tiene que haber un equilibrio, si deseamos que las relaciones funcionen. En la pareja se observa que, cuando el desequilibrio se hace muy grande, esta tiende a romperse. Esta es una escena de película que nos lo "representa".

Maama, mi Tonino no me quiere...

Quiérelo tú un poco menos, le dice la "maama"...

Después, las mujeres de la familia se disponen a fabricar espaguetis mojados con las lágrimas de la mujer no querida, para que Tonino las tome cuando coma. (De película italiana cuyo nombre no recuerdo).

El consejo básico de la "maama" es: si estás dando demasiado, empieza a dar un poco menos, pon equilibrio.

¿Y cómo sabes que es demasiado? porque el otro no responde, no valora, no desea recibir.

Si estás creando desequilibrio, tarde o temprano dañarás la relación.

Y *un poco menos* puede ser menos atención, menos tiempo, menos de lo que estés dando...

Porque esa atención y ese tiempo nos lo daremos a nosotros mismos.

Este dar de *más* en la pareja también puede estar en el nivel de lo que se llama *hacer de padre o madre* del otro, cuando el otro es adulto.

Podría entrar en ese nivel de *desvivirse* por alguien, la misma palabra indica que puede ser un nivel insano.

Algunas personas dicen que *el amor se siente, y se siente*, que no se pueden controlar las emociones.

De esto trata la inteligencia emocional: de saber canalizarlas correctamente, ordenadamente.

Todo se aprende.

El consejo de la *maama* podría terminar quizás así: *quiérelo un poquito menos y quiérete tú un poquito más.*

Si volvemos al ejemplo de la planta que precisa medio litro de agua cada tres días para que esté saludable, si te empeñas en darle un litro de agua diaria, la planta se pudrirá y no te dará flores.

¿Por qué piensas que en las relaciones sí funcionará eso de dar más de lo que el otro está dispuesto a recibir y a devolver?

El buen dar, en la pareja, no es dar lo que queremos recibir, no está en tampoco en dar más, si no en dar lo que el otro quiere recibir, en la medida justa.

No es la cantidad, es la calidad. Es la cerradura con la llave que encaja.

Si en una pareja hay uno que pone siempre más el

desequilibrio, causará tensiones, ya que si las personas son sanas a nadie le gusta sentirse en deuda, ni más pequeño que el otro.

Quien da de más crea en la relación un desequilibrio peligroso.

La relación puede a romperse por ese desequilibrio y suele romperse por el lado del que recibió más.

Cuando alguien está dispuesto a dejar su país, su lugar de residencia, está dando más.

Cuando alguien renuncia a su trabajo por estar en un matrimonio, está dando más.

Cuando uno se casa y se convierte en criador de los hijos del otro, también da más.

Quien recibe más, debe saber agradecer y compensar para conservar la pareja.

Cuando hay equilibro y agradecimiento en las relaciones, nos sentimos en paz.

La escucha y la comunicación no son las habilidades generales de la humanidad.

Tampoco se trata de estar *midiendo* y *pesando*; se trata de estar en paz con ese dar y recibir.

Por esto, como bien dice Hellinger, con el amor solo no basta, hace falta el equilibrio, el orden, la pertenencia... y también en las parejas hay que ser un poquito ciego.

Hellinger habla de distintas fases en el amor de pareja. No todas las parejas pasan de la fase uno, ni llegan a la fase tres, y no todas deben llegar a la fase cuatro. Veremos cuáles son.

Las cuatro fases del amor en pareja, por Bert Hellinger

Estas son las fases o niveles del amor en pareja. Estas van marcando el dar y recibir distinto. También van marcadas por la visión del otro, la mirada se va abriendo, y el amor se convierte en un compromiso.

El Amor a Primera Vista:

Me mueves mucho, pero te veo poco, etapa del enamoramiento: *en - amor - miento*... La fase inicial suele durar poco.

En esta etapa las personas se forman en su cabeza la idea del otro, pero aún no lo ven, no lo conocen. Solo se ven a sí mismas y a sus expectativas.

El Amor a Segunda Vista:

Me mueves menos y te veo más, va después del enamoramiento... Es cuando se empieza a ver al otro tal cual es y nos quedamos a su lado... Comienza la relación.

Algunos no pasan esta etapa, se quedan en la primera. Es en esta etapa en la que se sopesa si, con lo bueno y con lo malo, se quiere seguir adelante.

El Amor a Tercera Vista:

Te veo a ti y veo lo que te mueve: sus padres, sus raíces, su familia, su pasado, su futuro, su destino...

Y es cuando se deciden quedar juntos para cumplir un destino en pareja...

¡Etapa del compromiso! generosidad, respeto, empatía, negociación, sensibilidad, confianza, capacidad de amar, encontrar estrategias que resuelvan las tensiones emocionales, sin dañar la pareja.

El Amor a Cuarta Vista, que no se da siempre.

Te quiero a ti y a lo que te mueve, aunque ello te lleve lejos de mí, aquí cabe contemplar en un momento determinado, la posibilidad de dejar marchar...

Una buena despedida sería poder decir: "Gracias por todo lo que me has dado, lo guardaré para siempre en mi corazón y me acompañará en mi futuro". Esto permite afirmar que lo que un tipo de amor unió, otro más maduro y profundo lo separa y que lo que se inició con amor, se puede cerrar desde el amor."

El Amor de la Pareja es ese amor de donde nos vino la vida, en el amor de nuestros padres y se construye sobre tres palabras: SÍ - POR FAVOR - GRACIAS

SÍ: lo primero que se dice cuando sentimos que amamos. Sí a lo que eres, tal como eres, así te quiero, así estás bien para mí... Digo Sí a tus padres y a tu familia... a lo que viene contigo. Un amor así tiene fuerza y puede moverse hacia adelante.

POR FAVOR: implica el reconocimiento del necesitarse mutuamente y cada uno poder responder al otro con amor, afabilidad, gentileza, amabilidad, respeto.

GRACIAS: es la palabra que expresa la coronación del amor, al poder decirle al otro "gracias, me alegro de que existas". Además, es la gratitud que se expresa en el dar y recibir en equilibrio.

Pero no todos llegan a los tres niveles y pocos llegan al cuarto nivel cuando se separan. Algunos quedan siempre en la primera fase.

Para Hellinger y la ciencia de las relaciones, el amor solo no basta, y veremos por qué...

Con el amor solo no basta

El amor todo lo cura todo, esa es otra frase, pero el problema es que hay tantas definiciones de amor como personas hay el mundo... Y muchas de ellas piensan: "si le doy todo mi amor, y nos queremos ¿funcionará?" ... O no. Solo con amor posiblemente no.

El amor es la fuerza de atracción que nos une y que nos mueve, es lo más grande...

Según el dar y recibir también podríamos definir el amor como:

Lo que sentimos hacía alguien que nos da lo que queremos (aunque esto para cada uno represente algo distinto).

El adjetivo amable, o digno de amor, lo aplicamos con aquellas personas que tienen una actitud cordial, amistosa, y que nos tratan como nos gusta. En definitiva, son aquellas personas que parece que adivinaran lo que uno necesita recibir y saben dar la palabra justa en cada momento.

Para Hellinger hay distintos tipos de amor, el amor ciego, arcaico o infantil, este es el amor que se conecta a los mandatos inconscientes de la familia. Hace lo que sea por pertenecer, a costa de la salud o el éxito de la propia persona.

Es el que actúa por "compensación" intentando

ayudar a los que le precedieron, cargando con lo que no le corresponde.

También habla del amor adulto, el que sigue los principios sistémicos, aceptando todo como es desde su buen lugar.

Pero sea como sea el amor es un intangible que no se mide, ni se pesa, podremos ver sus manifestaciones, pero no veremos algo como un "kilo de amor".

Por eso en las relaciones el "te quiero mucho" tiene interpretaciones mil.

¿Cuánto es mucho amor?

¿Existe la medida mínima de amor?

¿Cómo es eso de querer?

¿Qué significa para cada ti querer?

¿Para qué nos quieren?

¿Para qué queremos al otro?

¿Para cuánto tiempo es este amor?

¿Qué se entiende por amor?

¿Es diferente querer que amar?

Hay muchos libros que hablan de amor y tantas personas que sufren por "amor".

No es el amor lo que duele, son las relaciones donde este amor es ciego, infantil, desordenado, y las tantas interpretaciones del amor. Tenemos amores en distintos idiomas, ya que cada uno es de su padre y de su madre y de ellos han aprendido lo qué es el amor

Nuestros padres representarán nuestra primera escuela de amor. Cuando éramos niños, hacíamos lo que hiciese falta para ganarnos ese amor, para pertenecer a la familia.

Y si alguien nace en una familia donde lo normal es que haya faltas de respeto, para esa persona el amor incluirá esas faltas de respeto.

Puede que incluya conductas que en otras familias se consideran impropias.

Cada familia tiene sus propios códigos, y valores, y por esto, eso que lo que llaman "amor" produce tantas diferencias, y tanto dolor.

Todo es relativo: para lo que unos es normal, para otros es extraño Así que, ante la percepción subjetiva, el equilibrio también lo es.

Subjetiva es por tanto también la experiencia de lo que es intercambio positivo y negativo.

Como decía alguien: *lo que para ti son ángeles, para el otro son demonios.*

Los encuentros y desencuentros se producen a cada momento en todas las circunstancias.

Recuerdo que, siendo niña, estaba con las vecinas en

la puerta, cuando mirando al cielo vimos una bandada de cigüeñas, todas sorprendidas empezamos a señalarlas y armar alboroto.

De pronto las cigüeñas, asustadas ante el ruidoso comité de bienvenida deciden cambiar de rumbo. Para las cigüeñas éramos unos demonios.

En definitiva, todo es relativo, y ante tantas posibles variables de lo que para cada persona significa amor, las relaciones son un gran reto.

Por eso, como dice Bert Hellinger y la ciencia de las relaciones, se necesitan los tres principios para que funcione:

La pertenencia o inclusión de todos.

El orden, estar cada uno en su lugar.

El equilibrio entre el dar y recibir, el que tratamos en este libro.

Existen muchas creencias sobre el amor y el dar y recibir que lo sustenta...

Y si seguimos probando frases de talla única: "da lo que quieras recibir".

Da lo que quieras recibir

Habrás oído esta frase y quizás estés de acuerdo. Esta es una invitación a reflexionar, míralo así. Esta frase me recuerda a los famosos anuncios por palabras que antes se ponían para buscar pareja:

"Busco chica sincera, educada, de buena presencia, inteligente, formal, con buena conversación y que le guste viajar. Pido lo que doy"

(El que pide lo que da y da lo que quiere recibir, en definitiva, parece que busca alguien igualito a él).

En un mundo de patrones, de clichés, y de leyes, *Dar lo que quieres recibir* ¿Es de verdad efectivo siempre?

¿Son efectivas las generalizaciones? Si uno da lo que desea recibir, ¿está mirando lo que necesita el otro o se está mirando a sí mismo?

Entonces, si me gustan los "zapañitos", quizás, regalaré "zapañitos" a todos. Sin embargo, a otro los "zapañitos" le dejarán indiferente.

No podemos crear una experiencia de alegría dando solo lo que nos gusta a nosotros y nos gustaría recibir. El otro tiene sus gustos y el mejor modo de dar a una persona es darle la atención de conocer sus gustos, sus aficiones, sus necesidades, lo que le mueve.

Un ejemplo: un abrazo es una muestra de cariño, para

algunos. Hay personas que lo toman como saludo, y abrazan a todos los que se ponen delante.

Pero no a todos les encanta ser abrazados por alguien que acaban de conocer, pueden llegar a molestarse si se les obliga a recibirlo, si se les toca físicamente. Sabemos que en determinadas culturas ese contacto se consideraría una falta de respeto.

Vemos que así tampoco se estará creando una experiencia feliz, aunque se tenga la mejor intención del mundo, entonces no es un buen dar.

¿Es bueno dar lo que quieres recibir? Pues unas veces sí y otras no. Es mejor preguntar al otro lo que le agrada recibir. Entonces antes de dar un abrazo, se pregunta, se observa si hay asentimiento, antes de hacer un regalo, se conoce a la persona. Imagina que regalas bombones a alguien alérgico al chocolate, con todo el amor del mundo.

En otros niveles, a veces, lo que se da con cariño con la intención de querer y cuidar, esa intención es lo que cuenta. Pero no siempre.

Cada uno tenemos nuestra particular forma de recibir y de dar, y para hacerlo aún más interesante parece que, además, existieran distintos canales. Esto es lo que nos dice la PNL. Hay que ver, oír y tocar.

Dar y Recibir distinto, según la P.N.L.

Puede que alguna vez hayas experimentado la frustrante sensación que produce un malentendido. Darte cuenta de que por más que intentes explicarte, la confusión y el malestar van creciendo, y de que no consigues encontrar el modo de comunicarte.

Y entonces te acuerdas de esa frase que dice que *hablando se entiende la gente...* Pero muchas veces es... como si uno hablase chino y el otro en panocho.

Puede que, en muchos de estos casos, no todos, haya una explicación y pueda darla la PNL.

En todos los tiempos ha habido estudiosos que se han preguntado por qué a unos les salen bien las cosas y tienen buenos resultados y otros no los tienen. Esto es lo que hicieron Richard Brandler y John Grinder en California en la década de los años 70, cuando estudiaron a los mejores terapeutas de su época y observaron pautas y modos que se repetían. Esos estudios dieron como resultado la PNL.

Según la PNL, existe una conexión entre los procesos neurológicos («neuro»), el lenguaje («lingüística»), y los patrones de comportamiento aprendidos a través de la experiencia («programación»), afirmando que estos se pueden cambiar para conseguir objetivos.

Una de las afirmaciones de la PNL es que los humanos somos muy distintos a la hora de recibir y emitir información.

Parece que la madre naturaleza, para divertirse más, lo dispuso así. Según la PNL, podemos ser Visuales, Auditivos o Kinestésicos, dependiendo de cómo sean nuestros canales dominantes al recibir o emitir y, por lo tanto, el modo de comportarnos.

Una persona visual se reconoce observando cómo se expresa. Por ejemplo, si eres visual "echarás un vistazo", "ojearas", lo "tendrás más que visto", te "lanzaran miradas", serás un buen observador, te gustará tener buenas vistas en tu casa, la imagen será muy importante, así como las actividades más visuales, cine, fotografía, paisajes, también pueden hacer varias cosas a la vez.

Para una persona auditiva, las palabras suelen ser "te escucho", "me resuena", oirá y recordará los sonidos a su alrededor y contará historias incluyendo estos. Serán atentos y sensibles a las palabras y también les gustará escucharse y escuchar; le molesta bastante que les interrumpan hablando. Son amantes de la música. Deben hacer las cosas una detrás de otra.

Para reconocer a un kinestésico, tendrás que ver cómo se mueve; necesitan palpar, mucho contacto físico, son amigos de los abrazos, tocan a las personas cuando hablan, su cuerpo es expresivo en sí mismo, las palabras son sentir, experimentar, emocionar, reír, el movimiento.

Si tenemos esto en cuenta, habrá veces que podremos resolver una situación cambiando de registro.

Observaremos que los grandes comunicadores y oradores, comunican en todos los canales.

Quizás usando estos conceptos de P.N.L., podamos entendernos mejor con nuestra pareja, amigos, compañeros o nuestros hijos.

Vemos que, a veces, en algunos casos, en que hay estas diferencias, quienes se quejan de no recibir nada de sus parejas, lo que significa es que ambos dan y reciben en distintos canales y es difícil comunicarse y, sobre todo, poder valorar lo que el otro nos da si no es lo que valoramos, si se habla en otro lenguaje emocional. Esto puede ser muy frustrante.

Es cuando nos regalan lo que no nos gusta, es cuando a uno le gusta ir al cine y el otro se aburre o se duerme, solo quiere ir a bailar o hacer deportes.

Es cuando uno quiere gustar cambiando de vestuario y el otro ni se fija que algo cambió. Es cuando para uno un viaje es un regalo y al otro le da pereza.

Vivir en distintos canales es una oportunidad para conocerse mejor, pero también un reto en las relaciones de pareja.

TENGO UN REGALO PARA TI
Haz una copia de esta imagen y te valdrá por un
descuento de 15 Euros
para utilizar en
CONSULTA ONLINE

Escríbeme

hola@lolacbelmonte.com

Un ejemplo de Dar y Recibir Distinto (historia de Ana)

Ana (nombre inventado) me escribe enfadada; me dice que está pensando separarse de su marido y está nerviosa.

Escucho sus dificultades y su historia. Tienen un problema de comunicación que, a pesar de llevar más de diez años juntos, no se resuelve.

Cuando escucho a Ana, me doy cuenta de que su pareja y ella pertenecen a grupos distintos en cuanto a canales de comunicación: ella es auditiva y necesita ser escuchada. Se expresa bien... Sin embargo, no puede expresarse con su marido. Tienen un bloqueo.

Por lo que me explica de su marido y la forma de comunicarse con su familia, él se comunica más kinestésicamente, le desagrada mucha palabra, las preguntas y, por supuesto, la obligación de hablar.

Paradojas de la vida, él trabaja en un lugar cara al público, donde debe dar atención e información, así que cuando llega a casa se relaja y no desea mucha conversación. Su familia de origen tampoco es de muchas palabras, valoran más otras cosas.

Estas dos distintas formas de relacionarse están ahí, produciendo desencuentros entre los dos.

En la constelación se ve que de algún modo se hacen de espejo. El marido no habla y Ana no expresa. Él no tiene permiso de hablar, ella tampoco de expresar.

Se puede hablar sin expresar lo que se necesita en verdad expresar.

Se han unido para aprender uno del otro, se elige pareja de modo inconsciente, después siempre sale a la luz lo que hay que resolver.

Una vez resuelto lo que había que aprender, la pareja pasa a otro nivel o puede cerrar ciclo y separarse.

Esto es lo que a Ana le pide su mente. Sin embargo, vemos preguntándole al cuerpo que su alma no está preparada.

Trabajamos las estrategias que a Ana le pueden traer más paz y ayudar a decidirse, aunque ya entendió que su marido no cambiará, eso es lo primero que hay que admitir. El primer paso.

Se ve la importancia de elegir pareja teniendo en cuenta los valores, las cosas en común. No obstante, parece que al inconsciente que nos hace elegir no le importan siempre esos detalles.

Muchas personas creen que la pareja es para ser más felices. Luego se dan cuenta de que es para aprender y crecer, la vida hace que a veces uno crezca en una dirección y otro en otra.

Entonces, seguir con una pareja muchos años es la

suma de tantas probabilidades que no es de extrañar que muchas se separen en los primeros años.

Dos días después de hacer su constelación, Ana me escribe, me cuenta que algo se ha "soltado" con su marido. Ana no se corta. Además, me explica que después de tantos años empezó a hablar con su cuñada y que era más guay de lo que ella pensaba.

Cuando las parejas se unen, hay algo que es básico: si quieres a alguien, debes poder decirle "te quiero tal como eres" y de verdad, porque no valdrá intentar cambiarlo, no funciona. Eso queda fuera de tus poderes; las personas solo cambian si ellas quieren, si ven la ventaja de hacerlo o si ven el inconveniente de no hacerlo. Pero lo hacen por ellas mismas.

Además, cada persona viene acompañada de su árbol familiar.

Cuando elegimos a alguien, la familia viene en el "paquete" de las cosas que deben ser aceptadas. Esto tan lógico, pero se olvida muchas veces en la práctica.

Hay otro factor que preocupa a Ana: sus caminos vitales se han separado. Ana echa de menos poder conversar de lo que le interesa con su marido.

La pareja se ha desfasado, ya no están en el mismo tiempo. Mientras que Ana ha cultivado una serie de intereses en estos años, su marido se ha relajado y hace las mismas cosas que hace más de diez años.

Así, parece que el tiempo también es un factor clave

que influye en las relaciones, en modo sobre todo de "ritmos vitales".

Cada persona tiene sus propios ritmos, y lo que para unos lleva un mes procesar, a otros les lleva tres días. Esa diferencia también produce fricciones. Cuando uno llegó, el otro apenas arrancó.

Dar a tiempo o a destiempo

Me contaron una historia de una pareja que rompió en la primera cita. Debe haber muchas así.

Una chica citó a un chico en la cafetería de abajo de su casa. Cuando el chico llegó, timbró en su puerta y le avisó de que estaba ya en el lugar. Cuando llevaba casi una hora esperándola, el chico se fue.

Muchos, entre los que me incluyo, veríamos en un retraso así una falta de respeto.

Pero también es posible que, para algunas personas, un hecho así no fuera motivo para tanto.

Sin embargo, ese hecho fue decisivo, la historia acabó, El tiempo y el manejo de este es muy importante.

Hace que algo sirva o ya no sirva. A veces, si llegas pronto o si llegas tarde, es lo mismo que no llegar.

Si das algo demasiado tarde, no sirvió; si la persona no está preparada tampoco sirve.

Te recuerdo esa plantita que se secó porque tardaste tres días en echarle agua...

En la vida, estar en el lugar justo, con la persona justa en el momento justo es a lo que algunos llaman suerte.

Y todo, además, tiene un proceso que está bien observar.

Si ponemos una semilla en la tierra es todo un proceso y va en un orden. Si abrimos la tierra antes de que salga el brote, podemos matar la planta. Además, cada semilla crece en su temporada.

Así, en la vida hay que ser muy buen jardinero. La impaciencia mata las plantas y las relaciones.

¡Ojo! Tampoco pidamos milagros al tiempo; se puede convertir en una trampa mental.

Cuando alguien tiene la esperanza de que con el tiempo el otro vaya a cambiar, y va a llegar a querer lo que él o ella quiere... es una trampa.

Un ejemplo que conocí: una mujer quiere tener hijos y el hombre no los quería. Aun así, se casaron. Con el tiempo tuvieron hijos, pero el hombre –que no los quiso tener– nunca actuó como padre, según la mujer. No podemos pedir "peras al olmo".

Este es un ejemplo extremo, pero muy común de cuando algunas personas piden al tiempo milagros (por ejemplo, que otro cambie).

Aunque sabemos que en las relaciones y en la jardinería sí hay que respetar los tiempos.

El inicio de una relación es como la vida de un bebé, cuando nace el bebé solo toma leche, después papillas de cuchara, más tarde, cuando ya tiene dientes, alimentos más sólidos.

En el inicio de las relaciones es parecido: cada cosa

debe ser a su tiempo, sobre todo en la primera fase.

Aunque las emociones no se pueden medir; solo se sienten, si podemos manejar nuestro dar y recibir, manejar nuestro modo de estar en la relación...Es colocarnos desde fuera y poder auto-observarnos.

¿Y si pudiéramos medir de algún modo este dar y recibir? Te propondré un juego.

Vamos a llamar a este juego el "Termómetro del amor" (Por supuesto, esto es un juego creado por mí, porque cada relación es diferente y única):

Imagina que en cada nivel tendrá unas "pruebas a superar", pero no voy a ponerlas yo. ¿Qué tal si cada uno se "diseña" su propio termómetro?

El termómetro del Amor

Imagina que, en una fiesta, conoces a una persona interesante.

Lo acabas de conocer y tienes muy buena impresión. Todo va bien. Y ¿Por qué no? Podríais quedar y conoceros un poco más.

Ya has puesto tu "termómetro del amor" en la relación. Así podríamos saber en qué "nivel" está.

Como acabáis de conoceros, los dos estáis en el nivel de amor 1, en el punto de inicio. Parece que hay un interés.

Entonces, uno de los dos decide pedir el teléfono y planear una segunda cita, así os vais conociendo. Habéis quedado en una actividad que os gusta y el termómetro sigue subiendo, los dos estáis en nivel 2. Muy bien, la relación parece que va bien.

A la tercera cita, os vais a comer juntos, la conversación fluye fácilmente, os habéis reído, ha sido una experiencia muy agradable y uno de los dos subió su termómetro del amor a 7 y el otro está aún en el nivel 3. Van a ritmos diferentes.

Digamos que, en el nivel 3, es el punto de compartir actividades, emociones, planes y conversaciones de nivel 3, que nos son las mismas que las del nivel 7.

Pero el que esté en el nivel 3 se encuentra con alguien que está en nivel 7, por ejemplo, y le habla de planes de nivel 7.

Si los dos estuvieran en el mismo nivel, no habría problemas.

Seguimos. ¿Qué crees que sucederá si alguien en nivel 3 recibe propuestas de nivel 7? ¿Cómo se sentirá?

Es posible que se haya producido un desequilibrio en las expectativas de cada uno.

Y si nos acordamos de las plantas otra vez. Si a una planta que necesita medio litro cada tres días le ponemos tres litros de golpe, se pudre...

Esto puede pasar en esta relación que uno de los dos se sature al recibir mucha atención de golpe, mucho que no esperaba, y que este desequilibrio pueda romper la relación porque alguien va más rápido y el otro va más lento. Hay un desajuste temporal al menos.

Y el que va más rápido en el nivel 7 creerá que el otro no tiene verdadero interés, no tanto como él o ella creía. Podría tener una decepción y pensar que el otro no responde a lo que espera.

Pero al que está en el nivel 3, el otro le parecerá ir muy rápido, puede agobiarse, echarse atrás...Como en las plantas, la relación puede "ahogarse" por ese desequilibrio, si no se corrige. Si alguien no escucha y mide los pasos.

No se puede dar lo que el otro no puede recibir ni quiere devolver. Tampoco puedes esperar que los otros den lo mismo que tú y al mismo tiempo.

Dar tres cucharadas de amor de golpe es fatal para quien solo puede asimilar una.

¿Cuánto más das, más recibes? En este caso no se corresponde. Al menos en la etapa de "en-amor-miento", el amor a primera vista.

Cuando el corazón late sin contención, las emociones pueden desbocarse. Hace falta una inteligencia emocional y un conocimiento de las relaciones, para sostener el equilibrio.

Historia de Mario,
una historia cualquiera
(Amor a 1ª vista)

El amor *a primera vista,* como vimos, solo se ve a sí mismo, no ve al otro, es aún una fantasía mental.

Mario (nombre inventado) es un hombre de cincuenta años que nunca se casó. Su relación más larga fue una novia que era veinte años más joven y que le dejó después de recibir dos casas de regalo.

La manera de relacionarse que tiene es salir de compras. Su manera de "querer" es comprar: comprar ropa, zapatos, complementos... y casas.

Pero ir con Mario de compras es entrar con una personalidad y salir con otra. Lo que le gusta a Mario es transformar a sus citas en otra mujer, quizás en alguna mujer que vio en alguna película o alguna otra que tiene como ideal en su imaginación.

Mario no ve a la mujer, no la acepta como es, no la mira. Cuando entra en una tienda, esta debe ponerse lo que él quiere que se ponga, aunque a ella no le guste.

Puedes imaginar que a Mario le duran muy poco las relaciones. Mario solo puede enamorarse de mujeres que se dejen vestir y transformar por él.

Después se queja de que las mujeres le sacan el dinero.

¿Te parece absurdo? Son casos que existen. La vida está llena de casos así.

El reino de la confusión es cuando creemos que al otro le gustará lo que me gusta a mí. Pero el otro habla en otro lenguaje del amor muy distinto.

Ese sería un amor de nivel 1. Cuando uno solo se ve a sí mismo. Es la fase de "en-amor-miento".

Es cuando las personas regalan a su pareja lo que les gusta a ellas y no tiene nada que ver con la otra persona, no están viendo a su pareja, no la conocen.

Es cuando se intenta impresionar, para que nos vean.

Es cuando alguien te regala un viaje y es justo al país que tú no elegirías.

Es cuando a la mujer le encantan las joyas y el hombre le regala un libro de cocina.

Todo se concentra en el dar y recibir, pero hay un buen dar y buen recibir. Y vemos que hay otro que no funciona.

Por ejemplo, cuando Mario se enfada si la mujer no se deja vestir a su modo, surge el intercambio negativo.

Como todo es tan subjetivo, lo que a él le gusta, a la mujer le echará para atrás; lo que para uno es bueno para otro es malo.

¿Qué haremos entonces cuando nos den algo que no sea de recibo?

Cuando recibamos algo negativo tendremos que saber devolverlo, si queremos que la relación continúe.

Saber devolver de lo bueno y de lo malo

Este es uno de los puntos que se ven menos populares en la ciencia de las relaciones. Es lo Bert Hellinger que llama la *pequeña venganza*

Cuando hablo en mi Facebook de la pequeña venganza, las reacciones no se hacen esperar. Existen los defensores a ultranza del perdón en las relaciones. Pero muchas veces es un perdón mal entendido.

Si observásemos en lo más profundo, veríamos que todos tenemos de "bueno y malo". Por lo tanto, no hay necesidad de perdonar. En el fondo todos tenemos los mismos componentes. Somos luz y sombra, y hasta la sombra es luz.

Por eso en constelaciones se habla de la reconciliación que nos hace iguales.

En el perdón que algunos practican se ve cómo puede hacer a unos santos y a otros demonios.

Ese perdón produce un desequilibrio, es como si le dijeras al otro tú eres el malo y yo soy el bueno. A nadie le gusta sentirse el malo siempre. Este tipo de perdón se toma como una arrogancia.

Observa cuando alguien te hace algo que te molesta mucho. Puede que tú no hayas reaccionado físicamente, pero en tu fuero interno has pensado algo insultante que nunca salió de tu boca (pon tu insulto favorito...)

Lo has pensado, pero no lo has hecho, porque tú eres una persona bien educada, que sabe comportarse, con conciencia, que es incapaz de hacer daño ni a una mosca.

Entonces, te dices a ti mismo que todo esto te hace mucho mejor que el otro (Ya tenemos santo y diablo).

Aunque la diferencia principal es que tú no has reaccionado, pero el odio sí ha estado en tu corazón.

Con lo cual, aquí es la hora de reconocer que, en el fondo, somos hechos del mismo material, que nuestros malos deseos también pueden hacen daño al otro energéticamente.

Podemos reconocer que en la vida todos tenemos luces y sombras; y así son las relaciones. El intercambio es dinámico: siempre damos y recibimos tanto de lo bueno como de lo malo.

La manera de equilibrar es saber devolver tanto de lo uno como de lo otro.

Si no se hace, el que siempre "perdona" el agravio se convierte en víctima y eso va cargando peso a la relación. El malo se siente cada vez más malo. No se siente igual, se siente mal. Es muy difícil vivir con alguien santo o perfecto. Y también con alguien que siempre es el malo o la mala.

No podemos ser siempre santos, ni pretender ser iluminados, si podemos seremos conscientes del todo, y el todo está hecho de "todo" ...

Si el que recibe un agravio es capaz de devolver algo, pero en menor proporción, estará equilibrando.

Por favor, tengo que avisar que aquí NO se trata de promover la ley del Talión, *ojo por ojo, diente por diente*: cuando se devuelve en igual o mayor proporción se va a la escalada de lo negativo. No buscamos que suba. Se pretende que, bajando el escalón del intercambio negativo, lleguemos otra vez al positivo.

Al hacer algo que al otro le moleste un poco, se dará cuenta que por ahí no es el camino a seguir.

Sentirá que el otro también sabe responder y defenderse, poner límites, que el otro también sabe *jugar*, pero que no desea hacer daño y como te quiere te devolverá del daño algo menos.

El que fue agraviado se gana el respeto; el mensaje es que no permitirá ser pisado ni faltado.

Entonces, podemos estar de igual a igual, porque uno siente que pagó su culpa y el otro siente que hubo una "compensación" que él necesitaba.

Ahora sentimos que estamos en paz.

Y aquí, como en todos los capítulos, te digo: no me creas, compruébalo. Yo lo comprobé.

Te contaré una historia muy personal.

Una vez hice una *pequeña venganza* a un novio que tuve; nunca jamás se me había ocurrido hacer algo así en toda mi vida, era cuando empezaba a estudiar constelaciones, tenía que probar.

Lo que puedo decirte es que él sintió que pagó y se sintió bien, tanto que él quería seguir la relación; fui yo quien la acabé.

Pero a día de hoy, después de años, me siento en paz con aquel hombre, y sé que él también. Si aún hoy nos encontráramos por la calle, nos saludaríamos y nos tomaríamos un café.

Acabamos en buenos términos a pesar del agravio, porque se compensó y quedamos en paz.

Ese pequeño castigo sirve a la relación si se hace con consciencia, sabiendo que cuando alguien requiere compensación, puede bastar con un pequeño gesto. Todo acto tiene consecuencias.

Y hay que saber actuar en todos nuestros papeles para ser completos, somos buenos y malos, amables y odiosos.

Aunque una sana autoestima también nos advierta que, si el intercambio negativo se repite, debemos poner límites saludables.

El amor no lo aguanta todo, hace falta el respeto, el orden.

En las relaciones entre iguales siempre debe existir el equilibrio entre el dar y el recibir. Solo hay alguna excepción para este equilibrio, el que veremos.

El desequilibrio natural entre padres e hijos

Puede que recuerdes aquello de *Dar mucho, pedir poco* era el eslogan de una campaña que se hacía para vender la medalla de la madre, una medalla de oro de muchos quilates.

La misma frase nos indica que el amor de los padres es distinto. Es en esta relación donde nunca puede haber equilibrio, ya que los hijos reciben la Vida, que es lo más grande, y nunca esto puede ser devuelto.

Por esto, suelen ser las relaciones más conflictivas, la "deuda" es muy grande y es imposible "pagarla".

La relación y el amor pueden fluir cuando esto se comprende y cada uno está en su lugar. El hijo agradeciendo y respetando a sus padres.

Los padres en el lugar de padres respetando la nueva vida, educándolo y aportándole lo que necesita.

Los padres son los apoyos emocionales y físicos de los hijos, en el árbol genealógico se sitúan detrás de él, y estos tendrán tras de sí a los suyos.

Así todo estará en orden.

Pero ¿Qué pasa cuando los padres actúan como hijos de sus hijos?

Cuando una madre dice que no se siente "apoyada" por su hijo, está colocándose como más pequeña que el hijo, y además está colocando al hijo en una posición que no le corresponde. No es de extrañar que un hijo en "mala" posición no trate a su madre como madre, si esta no se comporta como tal.

Otra actitud o posición que algunos padres toman es hacerse amigos de sus hijos, pero si se busca que el hijo te apruebe como a un amigo, quizás no se haga el trabajo de padre o madre.

Si eres amigo de tu hijo, entonces a tu hijo le falta un padre.

Además, en esta "amistad", se incluye a los hijos en temas que no deben ser incluidos, se genera daño a los hijos, incluyéndoles en temas que no les pertenecen.

La formación como persona se recibe de la familia, el saber dar y recibir se aprende de los padres. Es responsabilidad de los padres observar que los hijos estén en su buen lugar de hijo.

Entre padres e hijos siempre habrá un desequilibrio ningún otro es comparable.

Aunque algunos basan el desequilibrio en un conocimiento, este siempre es adquirido y temporal. Y además se equilibra mediante el pago y otras acciones.

Solo la vida es invaluable, ya que la vida no tiene precio.

Hoy día tenemos mucha información para resolver; las consecuencias de una falta de orden y una de estas herramientas son las constelaciones, una de sus ramas es la pedagogía sistémica, como método para que cada uno esté en su buen lugar también en la escuela.

La escuela es también un lugar clave para la educación, y después de la escuela vendrá la Escuela de Formación o la Universidad; aquí recibiremos la formación académica.

De estas se sale con una profesión o al menos un título que nos dice lo que sabemos hacer.

Ya podemos salir al mundo a dar lo que hemos recibido.

Tenemos un título que pone que somos válidos para salir al mundo laboral.

Vemos como que el movimiento de Dar y Recibir está debajo de todo en la Vida, lo importante es saber manejarlo.

Si conseguimos manejar en equilibrio entre el Dar y Recibir también podremos aplicarlas en nuestra economía, en el trabajo o en la empresa.

Así que en este libro también hablaremos de dinero.

Dando y recibiendo dinero

Dar y Recibir incluye administrar, y esa parte de administrar el dinero es algo que a muy pocos nos han enseñado de pequeños.

No existe ninguna asignatura en la escuela. Es en la propia familia donde adquirimos la educación económica que se basaba en muchos casos en ver lo que nuestros padres hacían con el dinero y lo que decían del dinero.

En mis tiempos, la economía infantil empezaba con la paga de los domingos y en mi casa éramos libres de hacer lo que quisiéramos con ella.

No nos decían nada, no había pautas, ni consejos, no había ninguna norma. Educación cero. Así que yo me lo liquidaba todo el primer día; era una derrochona.

¿Y tú qué hacías con tu paga infantil? ¿Te la guardabas? ¿En qué la gastabas? ¿Cómo te sentías?

Esta que escribe tuvo mucho que aprender desde aquella paga, aprender a vivir sin jefe, a manejar una empresa con socios, aprender a perderlo todo y volver a empezar unas cuantas veces.

Muchos libros, muchos cursos y talleres, muchos modelos me fueron de ayuda.

En mi ebook *Cómo llenar eventos, si no viniste al Mente*

Millonaria, resumo lo que aprendí de allí.

Aquí te muestro una pequeña parte. Es un modelo de administración de nuestro dinero, que a muchos nos faltó de pequeños, para quien lo quiera tomar o adaptar a su modo.

Según T. Harv Eker, existen cuatro tipos de personas en cuanto a su modo de manejar el dinero, en su modo de Dar y Recibir.

Aunque tal como haces una cosa las haces todas y con el dinero puede ser un símbolo de todo lo demás.

- **Los derrochadores,** los que gastan demasiado, seguramente su frase preferida es *el dinero está para disfrutarlo...*

- **Los ahorradores,** los que no sueltan nada, dirán siempre que *el dinero no está para malgastarlo* y serán los que nunca pueden permitirse ni un capricho.

- **Los que no pueden hablar de dinero**, pensarán que de *eso mejor no hablar*, es de mala educación y es muy posible que, si pueden, delegarán ese tema en otros, para no tener que hablar.

- **Los que lo hacen todo grati**s, a estos últimos los llamó *los monjes del dinero*, y piensan que dar siempre debe ser incondicional, sin esperar nada a cambio...

Pero el dinero es como cualquier otra energía que se debe aprender a manejar y a administrar.

Y es mejor hablar de él cuando hace falta, no se le

debe excluir, si no queremos ser excluidos por él.

Todos estamos dentro y pertenecemos a un sistema económico en donde debemos saber utilizarlo, nos guste más o nos guste menos.

Este era el sistema de administración propuesto por T. Harv Eker.

LOS 6 BOTES DEL DINERO

Cuando cobres debes repartir el dinero en seis cuentas, sobres o botes de cristal. En ellos meterás diferentes porcentajes, para distintos objetivos.

El bote de las necesidades básicas (55%)

Este bote es para tus gastos diarios y facturas, y tiene que utilizar el 55% de tu sueldo o ganancias.

En esta cuenta se incluyen los gastos de comida, ropa, gastos de tu casa, facturas de agua, luz, teléfono, internet, hipoteca o alquiler, impuestos, seguros, transporte, gasolina, mantenimiento, etc...

Incluye todo lo que se necesita para vivir día a día.

El bote del ocio y la diversión (10%)

El dinero que se guarda en este bote cada mes es para

hacer eso que no se haces cada día. El objetivo es darse un premio, es disfrutar del dinero.

Ejemplos que se me ocurren: regalarte un buen masaje, hacer una escapada, ir a tu restaurante favorito, darte el capricho que más te llene.

Hay personas incapaces de gastar en ellas mismas, pero también contemplarás personas para las que este apartado es el más grande, que son incapaces de ahorrar, y que les faltará siempre para lo básico.

El bote de la libertad financiera (10%)

Esta es el bote de la gallina de los huevos de oro. El dinero que pones aquí es para inversiones y aumentar tu capital. Este dinero no debes gastarlo.

Para hacer crecer tu cuenta de libertad financiera, podrías crear fórmulas de ingresos pasivos. Esos ingresos que se crean una vez y crecen solos (acciones en negocios, alquiler de casas, creación de productos online, regalías).

Si eres empleado, siempre tendrás un tope de ganancias a no ser que crees este bote de tus ingresos pasivos o inversiones.

El bote de la educación (10%)

El dinero de este bote es para invertirlo en tu propia

educación, y crecimiento. Tu mente es el bien más valioso. Las personas de mente pobre se gastan mucho dinero en cosas que les endeudan y que no hacen crecer su dinero ni su mente.

No suelen invertir en formación, no les parece necesario, creen que ya saben todo.

Los ricos invierten en aprender, en libros, seminarios, cursos, o pagan un mentor en el área que más lo necesites. Nunca piensan que saben todo.

El bote del ahorro a largo plazo (10%)

El dinero de este bote es para compras de grandes cantidades de dinero, imprevistos que te puedan hacer falta.

Este dinero podrían ser unas vacaciones, una reforma de casa, pagar una emergencia. Si tienes ese dinero reservado, siempre estás tranquilo de que tus necesidades están cubiertas.

El bote de las donaciones (5%)

En este bote o cuenta pondrás el dinero que donarás. Hay una intención en esto. Las personas pobres no donan dinero, pues sienten que no tienen suficiente para ellos mismos…Eso hace sentirse más pobres.

Pero desarrollar un pensamiento abundante y ser

generoso hace mejores receptores a su vez y hace sentirse mejor. Puedes hacer donaciones a fundaciones, a personas necesitadas, elige tus causas, etc.

Cada cual puede administrar su dinero como quiera, pero de estos hábitos surgirá su vida.

Si sabemos ganar, gastar, ahorrar, invertir, donar y disfrutar del dinero, muchas áreas estarán cubiertas.

Estos hábitos de administración sirven a la estructura de nuestras mentes. Habrá un equilibrio en nuestra vida económica. A veces, no es preciso ganar más para vivir mejor o más tranquilos, sino saber administrarlo equilibradamente. Experimenta.

Mientras terminaba este libro una amiga de facebook me pregunta ¿Que opino sobre dar cosas gratis en el mundo del emprendimiento? Es otra manera de dar.

Estamos acostumbrados ya a consumir muchas cosas gratis, y es una gran tendencia mundial. Pero lo que consumimos gratis lo pagan otros, o lo pagamos nosotros por otro lado. Para que veamos millones de vídeos gratis en Youtube, muchos anunciantes pagan.

Lo gratis es un negocio de grandes masas. Beneficiar a muchos para que algunos paguen. Pero no es nuevo, siempre existió, solo han cambiado las formas con los tiempos.

Siempre existió en el modo de "degustación" que tu tienda ofrecía, en modo de "muestras" que siempre han ofrecido los perfumistas y fabricantes de cosmética, o en modo de primera clase gratis,

Este modo de dar gratis en la mayoría de las empresas entra en el apartado de promoción, es el dar para recibir, regalar para vender.

En el libro Gratis, el futuro de un precio radical, Chris Anderson hace un detallado desarrollo de un nuevo tipo de empresa basado en esta tendencia.

La pregunta para Chris es ¿Qué significa gratis? ¿Puede ser un buen dar? Puede ser un buen dar si sabemos que regalar y como.

El buen Dar y Recibir en los negocios.

Una buena empresa es aquella que ha encontrado alguien a quién servir, ha creado un producto o servicio que alguien quiere y, además, en el momento justo que hacía falta.

Hoy serían inútiles algunos oficios. En cambio, nacen cada día nuevas empresas y lo último que se inventa es lo que tiene la fuerza.

Emprender un negocio es un reto de crecimiento personal, por sí mismo, hay que aprender a dar, saber que dar y a quién. También aprender a pedir el dinero que nos corresponde por ese servicio o producto.

Y un paso básico es encontrar "a quién servir" encontrar a quién Dar lo que sabemos, lo que hacemos, lo que somos.

Muchas veces quien empieza algo es el primer cliente de ese algo, es alguien que vio una necesidad no cubierta.

Uno de los principios sistémicos para que una empresa, un producto, servicio funcione es que "Sirva a la vida", que sirva a alguien y, si es posible, a muchas vidas. Aquí sí funciona el "más, más", servir a muchas personas, te dará más recompensa.

El éxito vendrá de crear un servicio o producto que otros quieren.

Y a veces hay que convertirse en detective, pero con la revolución de las redes, cada día se producen nuevas profesiones.

Es la era de la información, y es ahí donde un campo inmenso de oportunidad se abre para todos.

Ejemplo de ello son los *Youtubers*, los que, rompiendo las reglas del trabajo, han decidido vivir de contar historias, recetas, noticias, poemas, charlas, y simplemente compartir conocimientos.

En realidad, cuando buscamos la oportunidad ahí afuera, siempre estamos buscando también adentro. Ese "encuentro" se produce buscando para nosotros mismos.

Es la era de la información, y es ahí donde un campo inmenso de oportunidad se abre para todos.

Y esta fue mi historia muy parecida a la de muchos que empezaron igual buscando.

Era el año 1991 cuando me quedé sin trabajo, sacaron las ayudas para empresas si contrataban a menores de veinticinco años. Me había hecho mayor para las normativas del trabajo, así que empezó la peregrinación de agencia en agencia de publicidad.

Las agencias siempre te hacían una prueba de varios

días, éramos muchos "en pruebas" y se aprovechaban.

De vez en cuando, te hacían encargos. Por eso, yo había comprado mi *Macintosh*, para convertirme en lo que se llamaba *freelance*.

Así pude sobrevivir casi dos años, pero la palabra era esa: sobrevivir. Nunca sabía qué haría al mes siguiente. Me acostumbré a soportar la incertidumbre y sacar las fuerzas que nunca sabes que tienes hasta que las sacas.

En una de las empresas que había estado contratada maquetando libros, quedé leer un libro que se llamaba *A corazón abierto* de Sondra Ray.

El libro cayó en mis manos para componer el sello de la quinta edición. Pero yo, ávida lectora, me lo llevé y me lo leí.

En él aconsejaban buscar un grupo de *Rebirthing* en tu ciudad. *Rebirthing* significaba 'renacer'. Empecé a buscarlo, porque sin duda, yo necesitaba "renacer".

Escribí a la dirección que ponía en el libro y tardaron meses en contestarme. Empezar a buscar por mi cuenta. Una de mis búsquedas me llevó a un sitio llamado Ecocentro, donde encontré la información de un centro donde, por fin, encontré el grupo.

Allí aprendí a respirar, a relajarme; falta me hacía para seguir sobreviviendo en Madrid.

Los menores de veinticinco eran mi "competencia", yo nunca iba a descumplir años.

Un día, cansada de mirar anuncios, hacer pruebas en

agencias y esperar el contrato imposible, se me encendió la bombilla.

Había encontrado a quién servir.

Recordé cuánto tiempo tardé en encontrar un grupo de *Rebirthing*. *No había* internet, ni *Google*, ni *Facebook*.

Antes, buscar algo era bucear en las páginas amarillas, carteles callejeros y los montones de tarjetas. Nada de aquello estaba organizado para encontrarlo fácilmente

Así que el primer cliente de mi primera revista había sido yo misma. La búsqueda primero es interior.

Pensé en cuántos habría como yo, que buscasen y les costase tantísimo encontrar. Y así nació mi primera revista-guía alternativa de Madrid.

Loa facilitadores encontraron un sitio donde hacerse encontrar, y los buscadores encontraron más fácil.

Empecé sola, reuní direcciones pateándose Madrid y con una "maqueta" de revista me fui a visitarlos de uno en uno. Así que me hice vendedora.

Necesitaba colaboradores que escribieran y sobre todo clientes y necesitaba primero dinero para pagar la imprenta de los primeros números.

Conocía el proceso de hacer revistas, por tantas veces que había ayudado a nacer a otras. Nada mejor que trabajar para aprender.

Saqué mi primer número con cuatro clientes. Nunca en mi vida había tenido que hacer algo así.

Y paseando un día por la calle me encontré a un chico que conocí en la sala de baile; habíamos salido unas cuantas veces, pero la cosa no había ido a más.

Él era diseñador y tenía el mismo problema, no volvería a cumplir los veinticinco años.

Así es como a veces elegimos a los compañeros de vida o de trabajo, tenemos un camino parecido.

Entonces le conté mi idea, le enseñé mis dos primeros números de la revista y le pedí que se viniera conmigo, como socios de trabajo. Y se vino conmigo.

El hacía lo que menos me gustaba hacer a mí, así que nos complementábamos. Cada uno tenía su lugar

Era un vendedor ET, (nariz chata, ojos grandes, rasgos simpáticos, como el personaje de Spielberg).

Y entre los dos, cada uno con su fuerza trabajamos la revista y la convertimos en nuestra empresa y una fuente "estable" de trabajo, pudimos tener la satisfacción de crear nuestras vidas sirviendo a muchos clientes.

Por supuesto tuve que escuchar mi propia voz y desoír a todos los que me dijeron loca y que no duraría. Se equivocaron, yo la dirigí durante ocho años, acabe vendiéndola y continuó sin mí.

Después volví a empezar, organicé eventos, escribí

libros...Morí y renací muchas veces

Hoy facilito constelaciones sistémicas. Uno de mis talleres es El Laboratorio de Proyectos.

El Laboratorio de Proyectos con Constelaciones, sirve para dar un impulso a través de la visión sistémica y sobre todo a través de lo fenomenológico.

En una constelación lo que se revela es la verdad, y ponernos en la verdad es lo que más ayuda.

Hoy pareciera que el mayor negocio fuera ayudar a los nuevos emprendedores.

Pero en la mayoría de los casos esta ayuda proviene del conocimiento mental, racional de fórmulas, olvidando esa otra parte invisible que es la que en realidad mueve todo lo humano.

En el Laboratorio se intenta integrar esas dos partes, pudiendo llegar a soluciones inesperadas.

Todos los emprendedores se verían beneficiados con esta herramienta simple y efectiva.

Dar la Riqueza de tus talentos

El mejor modo de honrar a nuestros padres, abuelos, bisabuelos es hacer de nuestra vida una obra maestra,

Cada cual sabe que le haría sentirse orgulloso como persona y supondría una realización.

Dar al mundo nuestros talentos sin esconderlos y dejarlos brillar es un modo de honrar, pero a veces toca descubrirlos, porque ellos son el mapa del tesoro:

No conozco a nadie, absolutamente a nadie que no tenga algún talento, lo que sucede es que algunos los hacen relucir y otros parecen querer esconderlos en lo más oscuro.

Todos conocemos la fábula de los talentos que se atribuye a la Biblia.

"Un hombre rico que emprendía un largo viaje reunió a sus tres sirvientes. Les informó que cuidarían de su propiedad durante su ausencia.

El amo detenidamente juzgó las habilidades naturales de cada sirviente. Le dio cinco talentos a un criado, dos a otro y uno al tercero, a cada quien según su habilidad. Luego el señor partió en su viaje.

Los sirvientes se enfrentaron al abierto mundo de la empresa y la inversión. El que había recibido cinco talentos hizo negocios y ganó otros cinco. El criado que recibió dos, ganó dos más. Pero el sirviente que había recibido uno

escondió la propiedad de su amo dentro de un hoyo en el suelo.

El señor regresó y les pidió cuentas. El sirviente que había recibido los cinco talentos se adelantó diciendo:

- ¡Señor, me confiaste cinco talentos; mira, ¡aquí tienes otros cinco que he ganado!

- ¡Bien, criado bueno y fiel!, respondió el amo, has sido fiel en lo poco, te confiaré lo mucho. ¡Entra en el gozo de tu Señor!

Entonces el criado que había recibido dos talentos se acercó al amo.

¡Mi Señor, le dijo, tú me confiaste dos talentos, mira, he ganado otros dos!

Entonces el que había recibido un talento se acercó.

Señor, sé que eres duro, que cosechas donde no has sembrado y recoges donde no has esparcido. Tuve miedo, fui y escondí tu talento en la tierra. Aquí tienes lo que es tuyo.

La respuesta del amo fue pronta y severa: ¡Siervo malo y holgazán! Sabías que cosecho donde no he sembrado y recojo donde no he esparcido. Debiste, por tanto, entregar mi dinero a los banqueros para que, al volver yo, retirase lo mío con intereses.

El amo ordenó que le quitasen el talento al sirviente holgazán y se lo dieran al que tenía diez talentos.

Porque al que no tiene, dijo el señor, aun lo que tiene se le quitará.

Esta parábola nos indica lo más importante en la vida no es tener 10 talentos, 15 talentos, 1 talento si no la actitud de ofrecerlos y de multiplicarlos.

Conocer todos nuestros recursos se convierte en un arma secreta de tranquilidad y confianza. Hoy tenemos infinitas oportunidades de multiplicar nuestros talentos, y hay que aprovecharlas.

Vendrán días de miedos, de oscuridad, de tensión y de angustias. No hay pastillas para eso, pero sí remedios.

Una de las cosas que a mí me han ayudado en muchos momentos difíciles es coger un papel y un bolígrafo y hacer una lista completa de mis talentos y recursos y de cómo estos pueden tener recompensa.

Saber que el usar bien todos nuestros recursos y talentos es ser agradecidos y honrar la vida y la vida de los que nos la dieron.

HAZ UNA LISTA DE TODOS TUS TALENTOS

En esta lista enumera todas las cosas que sabes hacer y de qué forma te pueden hacer generar recursos, puedes ser todo lo creativo y loco que quieras porque nadie la verá ni te podrá inmiscuirse.

Es solo tuya, tu tesoro, del que podrás echar mano cuando la ocasión lo requiera.

TU CUADERNO DEL ÉXITO

Esta es solo una sugerencia de acción, un ejercicio de autoestima que se refuerza a través del logro.

Abre un cuaderno que mantengas a la vista todo lo que consideres un logro en tu vida.

EJEMPLO:

Cuando conseguiste aprobar aquel curso y te dieron el título.

Cuando ganaste aquel premio de redacción.

Cuando conseguiste acabar tu carrera.

Cuando hiciste aquel viaje soñado.

Cuando te viste bien en el espejo, por fin.

Cuando te libraste de aquello que arrastrabas.

Cuando tuviste a tu primer hijo.

Son solo ejemplos, tú sabes mejor los tuyos.

Esa hoja o cuaderno del éxito ponla en un sitio preferente que puedas revisar para rellenar. Puedes dejarla abierta para seguir llenándola.

El mejor regalo:
tu superpoder

Si has hecho ya tus listas de recursos y tu cuaderno del éxito, seguro que ya tienes muchos motivos para agradecer el regalo de la Vida, tal cual como tus padres te la dieron y como a ellos les llegó.

Unos padres conscientes, saben que sus hijos les imitarán. Unos buenos hijos serán agradecidos; esa es su fuerza, su superpoder.

Este superpoder puede verse incluso en los ojos, en el semblante, quien los tiene no lo puede esconder. Los ojos brillan y la tranquilidad asoma.

Para conseguirlo hay que aprender a asentir a todo como es, sabiendo que es por algo, y que la Vida sabe más. La confianza en la vida es una moneda, y el premio la abundancia.

Lo contrario es la carencia, la desconfianza, la envidia, la queja, la crítica y la insatisfacción.

Agradecer en todo momento es una llave que abre tu abundancia, te conecta con la Vida

Agradecer cuando todo va bien es muy fácil, pero lo importante es saber hacerlo cuando las cosas no son como nos gustan. Este es tu superpoder.

Te pongo el ejemplo, dos niños; reciben un regalo:

Uno de ellos al recibir el regalo salta contento lleno de alegría y responde:

¡Qué bien! Esto es lo que quería. ¡Gracias, es el mejor regalo!

El otro niño abre su regalo, mira con decepción el contenido, enfadado lo arroja al suelo, y grita: *¡Y yo para qué quiero esto!*

¿A quién te apetecería más seguir dando regalos?

Cuando te den un regalo, agradece lo recibido. Esto es la chispa que activa todo lo bueno de la vida. Y tú quieres todo lo mejor.

La verdadera oración empieza con un gracias.

Termino este capítulo con unas palabras de Bert Hellinger

El que da las gracias reconoce: Tu das, independientemente de si yo en algún momento podré pagártelo, y lo tomo de ti como un regalo. Y quien acepta el agradecimiento dice: Tu amor y el reconocimiento de aquello que doy me valen más que todo lo demás que aún puedas hacer por mí.

El amor del espíritu (Bert Hellinger)

TU DIARIO DE GRACIAS.

Inaugura tu diario de agradecimiento. La condición es usarlo cada día, escribiendo algo que agradecer.

Créeme o no me creas. Compruébalo por ti. Puede que muy pronto encontrarás muchas más cosas que poder agradecer, y que tu atención habrá cambiado de lugar, y que los motivos crecerán. En lo que te enfocas crece.

EJEMPLO:

Gracias a que de pequeña un buen amigo me dijo que yo escribía de un modo interesante. Ahora mi gran pasión por las palabras escritas me da satisfacción. Cada día con ellas puedo ayudar a las personas de un modo que me ilusiona.

Gracias a todos los que leen mis libros y me permiten asomarme a sus vidas.

Gracias a todos los que compartirán este mensaje de la importancia del saber dar y recibir en equilibrio del que me siento una eterna aprendiza.

Gracias a todos los que me han empujado a escribir como mi mejor modo de expresar lo que era imposible de otra manera.

Historia de un éxito.
Dar lo que te piden

El éxito en un negocio es acertar y dar lo que otros están necesitando. Aunque esto parece muy obvio, no todos lo saben ver a veces.

La vida premia cuando eres capaz de dar lo que te pide, pero nuestras creencias pueden impedir el poder escuchar y ver el éxito, aunque esté tocándonos a nuestra puerta.

Era por el año 2012 y mi vecino, llamémoslo Roberto, me confesó que estaba pensando en cerrar su tienda. Alguien había abierto una tienda prácticamente igual a la suya, justamente al lado.

Tan justo al lado, que, al tener el cartel más vistoso, a veces la gente buscando su tienda, se confundía y entraba en la otra.

Roberto estaba desesperado con la situación, porque todo lo que hacía la tienda de al lado, le salpicaba. Era la pesadilla de Roberto. Tal y como estaba la situación, la tienda le daba más quebraderos de cabeza que dinero.

En esas fechas, yo hacía poco que había venido del evento de Hará Iker, (Eso te lo cuento en mi libro Si no viniste a la Mente millonaria).

Roberto no iba a esas cosas, porque decía que no servían para nada.

La verdad que la tienda de al lado no tenía ni la mitad de gracia que la suya, pero cuando estamos desanimados no podemos apreciar lo que tenemos, todas las culpas se las lleva el vecino.

Si bajan las ventas, siempre es culpa de otro. ¿Quién no ha caído en esa trampa que levante la mano? Yo unas cuantas veces.

Un día, estando en la tienda, me di cuenta de que muchas personas entraban pidiéndole hacer fotocopias y que éste, invariablemente les decía que No, que aquello No era una copistería.

Esto me chocó, ya que tenía una hermosa máquina fotocopiadora en color y se lo dije: "¿Por qué les dices que No? Tú puedes hacerlas".

Roberto me explicó que su impresora era para uso interno y que no iba a perder el tiempo en algo que le daba menos de un euro.

Me costó convencerlo de que era un mal asunto decir que No a todos los que pasaran por ahí, y le hice ver que lo más seguro era que, quien entrase por una fotocopia volvería después por un ordenador. ¿Por qué no probarlo? Al final me hizo caso.

Así que empezó a decirles que Sí a las fotocopias y, efectivamente, una vez que conocían a Roberto, la gente volvía. Así que "solo" había que dejar entrar a los clientes. Recibirlos y darles lo que pedían,

Remarco lo del "solo" porque ese "solo" a veces es lo que más cuesta de ver.

Más tarde, Roberto pegó el cartel de *Se hacen Fotocopias*. Un simple cartel que marcó gran diferencia entre él y la competencia.

Fue por esas fechas que tuve la idea de que yo también quería abrir puertas. Así que me dije que ya era hora de empezar a crear eventos propios y hacer algo distinto.

Y así nació la Fiesta del Dinero: alquilé una sala y se llenó a la capacidad total de la sala. Mi vecino no solo hizo las fotocopias de todo, si no que me compró mi primera entrada.

Al final dijo Sí y vino a la Fiesta. En una de ellas, además, conoció a alguien que le siguió motivando, una *coach* que allí presenté.

Por mucho que todos tenemos nuestra luz propia, no siempre esta puede relucir.

No dudes en pedir ayuda cuando creas que llegaste a una "crisis", todos precisamos la linterna de otros

¿Adivinas quién tuvo que cerrar la tienda? Pues sí, el vecino de al lado, no duró ni dos años.

Decir Sí a la Vida es por esto un principio básico, que

en Sistémica hay que aplicar cuando las personas están en esas pequeñas muertes de parálisis, de miedos, de penas, de conflictos.

Esas pequeñas muertes que nos desconectan de la Vida con mayúsculas.

Entonces ampliar la mirada puede ser muy útil. Cuántas y cuántas veces el problema es negarnos a ver lo que nos pone la vida delante... No hay peor ciego que quien no quiere ver. El problema es que, a veces, no se puede ver.

Por esto hay que pedir ayuda, formarse, buscar entrenadores, investigar...

Así, investigando para este libro llegué a Adam H. Grant, un autor para mí desconocido que también aportó a este libro. Te cuento.

Tipos de personas, según la forma de Dar y Recibir

Todos estamos conectados, no hay ninguna duda, y este capítulo lo demuestra, poco antes de acabar este libro y en el proceso de investigación, doy con el libro de Adam H. Grant, profesor de la escuela de negocios Wharton School de Estados Unidos.

Adam H. Grant, en su libro *Dar y Recibir, porque ayudar a los demás conduce al éxito*, ha hecho un estudio pormenorizado de algunos empresarios, políticos e inversores de éxito mundial. No conocía este libro, así que lo compré y lo leí.

Aquí mis conclusiones y en qué coincide todo esto con la mirada Sistémica.

Según el modo de Intercambio que utilizan Adam H. Grant divide a las personas en cuatro grupos definidos. Veremos sus características.

-Donantes Altruistas

-Receptores

-Equilibradores

-Donantes Otristas

Los donantes altruistas.

Este es el tipo de personas que se centran sobre todo en los otros, olvidándose de sí mismos.

Son esas personas que se colocan siempre en el último lugar. Es la tendencia de dar sin pedir nada a cambio, es altruista por naturaleza.

Esta actitud potencia al grupo, son personas reconocidas por su generosidad. Son buenos trabajando en equipo ya que pondrán por delante el bien común, ocupando el lugar en que son más útiles, aunque no sea el más destacado.

Pero esta tendencia puede atraer para ellos mismos un problema: el olvidar que no todos son iguales a ellos. Entonces, pueden ser víctimas de *receptores* con pocos escrúpulos y sin intención de que se produzca el equilibrio, con solo el afán de ganar ellos.

Pueden también sentir que se abusa de su generosidad y de su tiempo, porque si se asocian con los receptores verán que quieren todo para sí, incluido el mérito de los demás, del cual se apropiaran sin miramientos.

Su forma de dar puede ser algo enfermiza y puede llegar un momento en que los demás no la valoren, porque la necesidad de dar es suya.

A veces es un intento de conseguir pertenecer y recibir aprobación.

Quizás son los que dan de más, cuando nadie les pidió, sin preguntar. Quizás son los que hacen que la planta se pudra, por exceso.

No saben bien discriminar qué deben dar, a quién, cuándo y en qué condiciones. Por esta razón, este tipo de donantes pueden acabar agotados y convertirse en un felpudo. Y sentirse que dan y no reciben.

Puede que atraigan el abuso de los receptores al no saberse proteger.

Ese es su aprendizaje: saber protegerse, saber decir No, saber poner límites saludables y mirar también por ellos mismos. Aprender a dar inteligentemente.

Los receptores.

Son en el extremo opuesto, los que solo miran por ellos mismos y su beneficio.

Cuando un receptor da algo, es porque va a conseguir cinco veces más.

No siente que la reciprocidad sea necesaria y justa, no es una norma ética para ellos. Así hará lo que sea para ganar él mismo.

Ejemplo: los bancos no son *donantes*, aunque nos den crédito. Nunca lo harán si no saben que ganarán mucho más, son receptores.

Los receptores no serán justos, ni reconocerán los

méritos ajenos cuando trabajan en grupo.

Un receptor solo piensa en el Yo, y en destacar por encima de todos, nunca piensa en el Nosotros. Son competidores.

Quizás se disfracen de donantes y utilicen las normas sociales, la buena educación y la afabilidad, cultivarán tener un buen carácter, como una de sus armas, y es por esto que pueden ser encantadores, pero el encanto nada tiene que ver con el equilibrio, en ellos es un recurso.

Un receptor utilizará todas sus galas sociales con las personas que puedan beneficiarle, pero si piensa que alguien no puede beneficiarle lo tratará muy distinto.

Esta puede ser la manera de reconocerlos: viendo cómo trata a los que cree que no necesita, o los que creen que están por debajo de su estatus. Quizás debas esperar un tiempo o cambiar de situación para reconocerlos.

Yo reconocí algunos cuando cambié de situación.

Recuerdo perfectamente el día en que dejé de ser la directora de mi revista. En ese día pude conocer, de verdad, a algunos de mis "colaboradores".

Mientras algunos tuvieron empatía. Recuerdo el caso especial de una mujer que se tomó la libertad y el tiempo de escribirme una carta fulminante, , diciéndome de todo menos bonita, después de mi pérdida, ya no me necesitaba, ya no era la directora.

Se olvidó que durante años ella tuvo un espacio gratuito para sus artículos que le permitió atraer clientes a su consulta. Era una receptora tóxica que no sabía agradecer y se permitió intentar hacer daño.

Es muy interesante cambiar de situación, pero no hace falta, no te lo deseo. Podemos entrenarnos en detectar a los receptores tóxicos, observando cómo actúan en las pequeñas cosas.

Los equilibradores

Como su nombre indica, este tipo de personas basan sus acciones observando la reciprocidad, y se aseguran que actúan con personas que tienen este mismo código para que sus acciones sean reequilibradas por la misma persona con las que interactúan.

Son negociadores y pueden ver las necesidades del otro, sin perder de vista las propias. Entonces <u>intentaran</u> conseguir siempre un "ganar, ganar".

En términos de relación es lo justo, no se crean deuda, dan y reciben, negocian. Aunque no todo en la vida se puede equilibrar, como ya hemos visto. En muchas de las situaciones de la vida, necesitaremos pactar: yo te doy esto y, a cambio, esperaré esto.

Si no se cumple la palabra, el equilibrador buscará compensación en la misma persona.

Esto nos hace muy atentos a con quien deseamos

colaborar y ver cuanto nuestra palabra es importante.

Cumplir la palabra es la moneda principal de las relaciones reciprocas.

Suelen tener éxito porque los equilibradores cuidan muy bien sus relaciones y sus círculos.

Donantes otristas

Es el donante *equilibrado*, es decir puede hacer cosas pensando en los demás, pero lo hace inteligentemente, también sabiendo pensar en él mismo, cuidando de sus intereses.

La diferencia con el equilibrador es que este donante no precisa recibir la compensación directamente de quien recibe su donación. Puede donar sin buscar el equilibrio directamente.

Aprendió a distinguir a quiénes dar generosamente y cuándo le conviene actuar como equilibrador.

Aprendió a distinguir a los receptores, para no ser víctima de abusos.

Aprendió a poner límites y proteger sus intereses. Podrá ser donante, pero sin sacrificarse a sí mismo.

Podrá tener mucho éxito al saber ser generosos sin que les perjudique y obtener prestigio de ello.

Saben cuándo dar, a quién dar, cómo y a cambio de

qué. Saben dónde invertir para que su dinero se multiplique. Saben cómo dar.

No reclaman el equilibrio directamente de los que reciben, pero saben que dando inteligentemente tendrán recompensas mayores. Confían que a través del tiempo los sistemas siempre tienden a equilibrarse.

EJEMPLO

Un donante otrista que es mentor, puede regalar una conferencia gratuita delante de mil personas, o un vídeo que tenga miles de visitas.

Así habrá donado a muchos con un mínimo esfuerzo, y su ganancia habrá sido en prestigio. En otra ocasión sabrá pactar un precio, actuando de equilibrador.

¿Y qué pasa con cuanto más das, más recibes?

Pues aquí vemos que uno de sus "dependes" es en qué tipo nos hemos reconocido y con quién nos estamos relacionando.

Depende de qué estemos dando y en qué situaciones. Si estamos dando lo que hace falta o no hace falta.

Si estás dando de más y en el fondo estás perjudicando las relaciones.

En el corto plazo y en las relaciones muy cercanas, funcionará si te relaciones con personas donantes y equilibradores con un código de reciprocidad parecido al tuyo y con valores similares.

En el corto plazo no funcionará con los receptores que no van a devolverte, y solamente cogerán de ti, no les importará llevarte a la ruina.

Puede que ellos sean los que más usen esa frase para que los demás les den, sin intención alguna de reciprocidad.

En las parejas esto puede verse muy de cerca. ¿Te gustaría compartir tu vida con un receptor puro o mejor buscaras un equilibrio?

Es en este ámbito del día a día, cuando pensar en el equilibrio es más necesario y saber elegir.

Los donantes altruistas pueden acabar muy quemados si funcionan con esta frase, ya que aún no han aprendido a dar efectivamente sin perjudicarse a sí mismos, ni saben a quién dar.

Vemos que en las relaciones más cercanas aplicar el principio sistémico de Equilibrio entre el Dar y Recibir nos será muy útil.

Si pensamos a largo plazo, ser un donante otrista en ámbitos empresariales, puede tener recompensa exitosa, si se saben sortear los receptores, porque aun si se cae en sus redes, a largo plazo el grupo mismo tenderá a equilibrar.

Si lo haces inteligentemente, Si funcionará *cuanto más das, más recibirás*, a largo plazo.

Si sabes que dar, en que momento, y a quien y cuidar tus intereses al mismo tiempo.

Como bien dice Bert Hellinger, todos los sistemas tienden a equilibrarse, tarde o temprano el propio sistema se busca la compensación.

En la vida debemos decidir cuándo actuamos como donante, receptor y equilibrador, sabiendo cuál es el lugar que nos corresponde.

No siempre funcionará esta frase. Cuando funciona, no es inmediata, y no es con todo el mundo.

Hay que tener la sabiduría de distinguir las ocasiones, las personas, los motivos y estar atentos.

Entrevista con Brigitte Champetier

Y como colofón a este libro, hecho con todo mi amor, he querido también recoger la sabiduría de mi maestra Brigitte Champetier, que nos ofrece su punto de vista.

He sido alumna del Instituto de Constelaciones en sus primeras promociones y reconozco con admiración todo su recorrido y lo que nos ha dado.

También agradezco su colaboración en tres de mis libros. Le propongo algunas preguntas sobre el tema para añadir más luz.

¿Cuánto más das, más recibes?

Cuanto más damos, más estamos devolviendo a nuestros padres y a cambio más vamos a recibir. Pero solamente si se trata de un "buen dar".

Y podemos constatar que no sabemos dar...

Un buen dar es un dar modesto, proporcional (de un modo intuitivo) a lo que la otra persona puede devolver. Pues, al dar, adquirimos instintivamente el derecho de exigir.

Si al dar me siento muy contento, muy satisfecho de

mí, es que he dado para mi propio interés, no por el bien del otro. Si he dado en consonancia con lo que el otro realmente necesita, sin que se sienta en deuda conmigo, o dependiente de mí, no me sentiré eufórico, sentiré que he cumplido con una deuda...

¿Dar sin esperar nada a cambio?

Es importante sentir el dar como un devolver. Es nuestra manera de devolver algo de lo que hemos recibido de nuestros padres.

Por lo tanto, sí que vamos a dar sin esperar a cambio, agradeciendo la oportunidad, y con la contención de no abusar de los demás, es decir respetándoles en lo que pueden devolver.

Paradoja que nos hace humildes y lúcidos.

En el momento de dar, damos porque estamos devolviendo.

Si estamos en el adulto damos lo que tenemos y solo lo que nos permita seguir de igual a igual, sabiendo que estamos en un intercambio, y que el otro a cambio nos dará a su vez.

Pero a no ser que lo hayamos negociado previamente, no sabemos lo que el otro nos va a dar, y seguimos abiertos al intercambio.

¿Existe el merecimiento?

Todos merecen por igual. Por lo que el merecimiento que nos distingue de otros no existe... el equilibrio entre el dar y recibir está siempre en acción, pero no necesariamente el que ha dado va a recibir, sino su descendiente, y también, muchos inocentes pagan por crímenes de generaciones anteriores que no fueron asumidos por los ancestros.

En sistémica, cada individuo está al servicio del destino colectivo, y hasta que no acepte esta realidad, su destino individual no fluye.

Entonces, ¿no sirve de nada estudiar más, trabajar más, ni esforzarse...? ¿Las acciones de cada uno?

No hay que confundir el nivel del destino, sobre el que no podemos gran cosa, más que rendirnos a él o constelarlo... del nivel de la realidad concreta en que conseguiremos lo que la realidad social pide para merecer algo.

¿Qué hacer cuando se siente que das más que lo que recibes?

Solemos dar más de lo que recibimos por varias razones:

- Por estar intrincados no hemos podido recibir de nuestros padres, no sabemos recibir.

- Estamos desordenados y nos sentimos más grandes que los padres, por lo que no queremos estar en deuda con ellos, y no queremos recibir de ellos, ni de nadie.

- Queremos poder seguir controlando y exigiendo.

- Hemos sufrido un trauma de pequeño, y nos sentimos culpables de lo que pasó. Y para no volver a sentir nuestra culpa o nuestra deuda, nos alejamos de todo lo que nos puede recordar culpa o deuda, y no queremos recibir.

¿Existe el dar Incondicional?

El dar incondicional creo que solo existe de padres a hijos, y maestros y alumnos. El dar está dosificado a lo que el hijo/alumno puede recibir...

Cuando dices maestros y alumnos ¿Crees que hay un diferente nivel de Dar y Recibir entre adultos?

No, el alumno adulto recibe como adulto, y su manera de devolver va a ser dando lo que el maestro le ha transmitido, transformado por su creatividad adulta.

Algunas personas son capaces de aguantar en relaciones peligrosas para su vida, porque creen en ese "amor incondicional" les obliga. ¿Qué se les puede decir?

La pregunta es ¿para qué lo hacen así? Y la respuesta será o para pagar algo, es decir por expiación no por amor, o para poder exigir lo mismo del otro.

¿Qué dicen las Nueva constelaciones de la "pequeña venganza" o saber devolver también el mal?

Esta devolución es un hecho natural, automático. En cuanto nos hacen daño, nace en nosotros el impulso fisiológico, químico, de agresividad para defendernos.

Es un impulso hormonal que nace al segundo de ser atacado.

Si estamos "presentes", seguiremos este impulso y devolveremos instintivamente al otro una agresión, menor que la suya, pero la justa para detener al agresor. Esto es lo que Hellinger expresa.

Y si no estamos presentes, nos quedaremos con el impulso agresivo retenido, y empezaremos a estar invadidos por el rencor, el resentimiento o las ganas de venganza.

El mal que entonces estaremos haciendo será posiblemente mayor que el que hemos recibido...

Es el principio más "impopular"; algunos no pueden concebir que en el amor "hay venganza" o que no puede haber "venganza con amor" ...

No hace falta que haya venganza, por naturaleza, siempre hay una reacción agresiva inmediata.

No hace falta añadir ninguna otra, solamente tomar conciencia de que ya nos hemos vengado...

Por último, hablando del principio de Equilibrio entre Dar y Recibir, ¿Hay alguna diferencia entre las Constelaciones y las Nueva Constelaciones?

No creo que haya diferencia...

Muchas Gracias.

El equilibrio y el karma

Hablar de la palabra *karma* en este libro es una consecuencia lógica, ya que dicha palabra representa a la ley del equilibrio, la ley de causa y efecto, del dar y el recibir, que dice que según lo que das, así recibes, y va unida a la intención.

Este concepto es común a distintas creencias y es ampliamente utilizado, viene a indicar que cada acción crea un efecto y para los que creen en la reencarnación y en las otras vidas, esta ley de causa y efecto prevalece a través de las vidas posteriores.

Es decir, lo que se da siempre tiene su consecuencia, si no en esta vida en la siguiente. Siempre hay el equilibrio, lo podamos ver o no.

En esta ley es en la que confían los *donantes otristas*, saben que, aunque algunas personas no tiendan a retribuir, saben que el propio equilibrio de los sistemas acabará haciendo justicia.

Dicha ley, viene a coincidir con los principios sistémicos en que...

"Todos los sistemas tienden a equilibrarse por si solos", a veces, a través de las generaciones.

Aquí la importancia de la cuestión: cuando alguien no asume sus propias consecuencias, digamos que esa ley de compensación y equilibrio de los sistemas puede hacer que las asuma otro de su mismo sistema.

Hace unos días, acabando este libro, se publicó en El País los resultados de unos estudios sobre los sucesores de soldados prisioneros de guerra.

En dicho artículo del día 22 de Octubre de 2018, con el título *Los hijos heredan el sufrimiento de los padres,* se habla de una parte de la genética que llaman la epigenética, son sinceros al reconocer que saben lo que sucede, pero no pueden explicar como sucede.

En el artículo explica como hicieron seguimiento de los hijos y nietos de determinados prisioneros que pasaron por similares experiencias y como sus sucesores vivieron consecuencias.

Esta otra herencia es el objeto de estudio del árbol genealógico y las Constelaciones como herramienta.

Es el intento del sistema por equilibrar algo que sucedió y quedo en desequilibrio. Al mismo tiempo todo lo positivo que se hizo en el sistema, también lo heredan los sucesores.

Nos hace comprender que no solo heredamos las condiciones físicas, sino también las emociones no resueltas, las memorias de los actos no asumidos, los desequilibrios, lo bueno y lo malo.

Lo importante es darse cuenta de que lo que das y creas hoy en tu vida tiene consecuencias para tu futuro y además para el de tus hijos.

Cada uno de nosotros somos el punto de cambio entre el pasado de nuestro sistema y el futuro de este. El punto del equilibrio.

Eso que llaman *karma* es como la *contabilidad* de los sistemas. Nada es gratis. Todo tiene efectos.

Que importante es el guardar ese equilibrio entre el dar y el recibir, por nosotros y por los que vendrán. Y no dejar "cuentas pendientes".

Mi deseo más grande es que este libro haya servido al equilibrio de tu vida. Es mi mejor regalo para ti.

Me despido con esta frase que algunos atribuyen al Maestro Oogway de la película de Kun Fu Panda

El ayer es historia, el mañana es un misterio, el hoy es un regalo, por eso se llama presente.

Muchas gracias por haber llegado hasta aquí, este es mi mejor presente mi mejor regalo.

TENGO UN REGALO PARA TI

Haz una copia de esta imagen y te valdrá por
un descuento de 40 Euros para asistir a una
FORMACION ONLINE
www.lolacbelmonte.com
Escríbeme

BIBLIOGRAFIA

CNV Comunicación no Violenta, un lenguaje de vida, Marshall Rosenberg

Las fuerzas del amor, Brigitte Champetier de Ribes

Los ordenes del amor, Bert Hellinger

Dar y recibir, por qué ayudar a los demás conduce al éxito, Adam Grant

Los secretos de las mentes millonarias, T. Harv Eker

Pide y se te dará, Esther y Jerry Hicks

Equilibra tu peso, equilibra tu vida, Pilar Franco Sarabia

Constelaciones Familiares para la Prosperidad y la Abundancia, Ingala Robl

El mito del carisma, Olivia Fox Cabane

Gratis, el futuro de un precio radical, Chris Anderson y Javier Fernández Castro

La Otra Herencia, guía fácil de Constelaciones, Lola C Belmonte.

El regalo

El mejor regalo
www.lolacbelmonte.com

A lo largo del libro te has encontrado con esta mujer que te ha ofrecido tres regalos, tres descuentos, puedes utilizarlos para ti mismo, o ser generoso y regalarla a otra persona que pueda estar interesada.

Haz una copia y enviámela a mi correo con tus datos, para tenerla en cuenta, para pedirla en tu consulta o taller. Si te suscribes a mi lista, podrás estar al día de las fechas de talleres.

21 Cosas sobre mí.

Los youtubers más famosos pusieron un juego de moda, se llamaba 50 cosas sobre mi En mi caso te lo he resumido a 21, que me parece un buen número para empezar a conocernos

1 Estuve a punto de nacer en una sala de cine, un 31 de diciembre, nunca supe que película daban, pero soy cinéfila sin remedio.

2 Mi madre me inició en la lectura con los Cuentos de las 1001 noches, yo los devoraba, y Sherezade se convirtió en mi heroína.

3 Estuve diez años en un colegio de monjas, salí un poco cansada de uniformes.

4 Cuando tenía 10 años les pedí a los reyes un ordenador, en España aún no existían, pero los había visto en Star Treck, junto con tablets, teléfonos móviles, gps… Hoy me pediría la máquina de tele transportación.

5 Me presenté una vez a un concurso literario y lo gané, tenía unos 16 años. Hoy me pregunto ¿Fue una señal que no escuché?

6 A los 25 años me fui a Madrid a buscarme la vida, me quedé la mitad de ella, casi 30 años, me considero mitad murciana, mitad madrileña, es decir murci-leña.

7 Mi primer ordenador fue un Mac de esos feos como un cubo de cemento, pero muy resistentes.

8 Yo no abandoné un trabajo perfecto y bien pagado, como ahora dicen tantos, está de moda. Pues no, a mí me tocó, después de dos años en paro, supe que había vida después de la vida y que no me iban a contratar jamás, de eso hace ya una tira de años que vivo sin jefe.

9 Con 30 años creé mi primera revista, líder en el sector de las terapias naturales y el crecimiento personal. La acabé vendiendo y aún existe.

10 Entrevisté a muchos escritores como Antonio Gala, Javier Marías, Rosa Montero, Antonio Escohotado, Alejandro Jodorowsky, entre otros.

11 En el 2004 descubrí las Constelaciones familiares y empecé a formarme, me pareció una técnica espectacular, a la cual le debo mucho. Hoy hago constelaciones familiares vía online, no importa donde estés. Nunca dejó de sorprenderme de los resultados.

12 Durante un tiempo me dedique a organizar y promocionar eventos para otras personas. En el 2012 organicé un networking con cena y espectáculo que se llamaba la Fiesta del dinero. Lo dejé a la muerte de mi padre en el 2013.

13 Mientras estuve en Madrid vivi en 11 casas, 2 casas

propias y 9 alquiladas, ahora vivo en mi casa número 13 que da nombre a mi segundo libro. 13 Casas, muchas vidas.

14 Me gusta cocinar, aprendí lo básico de la cocina macrobiótica, aunque mi salud me dio algunos sustos, creo que la alimentación me salvó siempre.

15 Soy amante de los gatos, en 2015 adopté a mi Tigre, lo iban a sacrificar y su mirada me tocó el alma, me lo llevé, hoy es la alegría de mi casa.

16. Una de mis pasiones además de escribir es la fotografía, cazar ese momento en que todo converge en belleza.

17 Me encanta el mundo del té, y las combinaciones de sabores que pueden hacerse con té, frutas, flores y especias, me parecen deliciosos.

18. No tuve hijos, ni quise tenerlos, pero tengo cinco sobrinos como cinco soles

19 Cuando me pongo a hacer algo, lo hago, no hay casi nada que me pare, así que como ves aquí, he hecho muchas cosas en mi vida y seguramente las que me quedan por hacer.

20. Leo prácticamente un libro por semana, tengo la necesidad de estar siempre aprendiendo, me hace sentir joven, al día.

21 Hoy mientras corrijo, este libro lidero mi último

programa online *Escribe, publica y vende tu primer libro. ¿Quiere ser escritor? Escríbeme*

Para saber mis actividades suscríbete a mi web:

www.lolacbelmonte.com

Todos mis libros

La otra herencia, guía fácil de constelaciones sistémicas

Nacido en 2015 en Madrid
Formato Kindle y Tapa Blanda

Títulos que venden

Nacido en 2017 en Madrid
Formato Kindle

Como llenar eventos
Nacido en 2017 en Madrid
Formato Kindle y Tapa Blanda

13 Casas, muchas vidas,herramientas sistémicas para almas nómadas

Nacido en 2018 en Murcia.
Formato Kindle y Tapa Blanda

30 Días de Gracias, sube tu vibración
Nacido en 2019, fruto de un reto Facebook
Formato Kindle

El mejor regalo, el arte de dar y recibir en equilibrio

Nacido en 2018 en Murcia.
Formato Kindle y Tapa Blanda

Constelaciones Inmobiliarias, el lenguaje secreto de las casas

Nacido en Junio 2019 en Murcia.
Formato Kindle y Tapa Blanda

El poder del círculo, encuentra tu tribu

Nacido en Septiembre 2019 en Murcia
Formato Kindle y Tapa Blanda

GRACIAS
por haber llegado

hasta aquí, espero te haya gustado.

¿Sabes qué?
Para una escritora las palabras de
un lector, son el mejor regalo.
DIME QUE SI

POR FAVOR
si te gustó este libro,
dilo en las opiniones de Amazon
para que muchas
más personas lo tengan en cuenta.